京都、美しい苔庭さんぽ

心にしみる苔景を、
見る・知る・学ぶ

もくじ

113 第3章 苔を学ぶ

※電話受付をしていないお庭については番号を記載していません。
限定公開しているお庭の公開時期、料金は、ホームページなどでご確認をお願いします。

第1章 苔を知る

苔はなぜ美しいのか

身近にありながら知らない姿、その命

苔ってなんだろう？

目に涼しく、四季おりおりの植栽や石灯籠と美しく調和する苔は、日本のお庭に欠かせない存在。苔庭の緑を、少しじっくり見てみよう。

根も花もなく、種もないけど植物

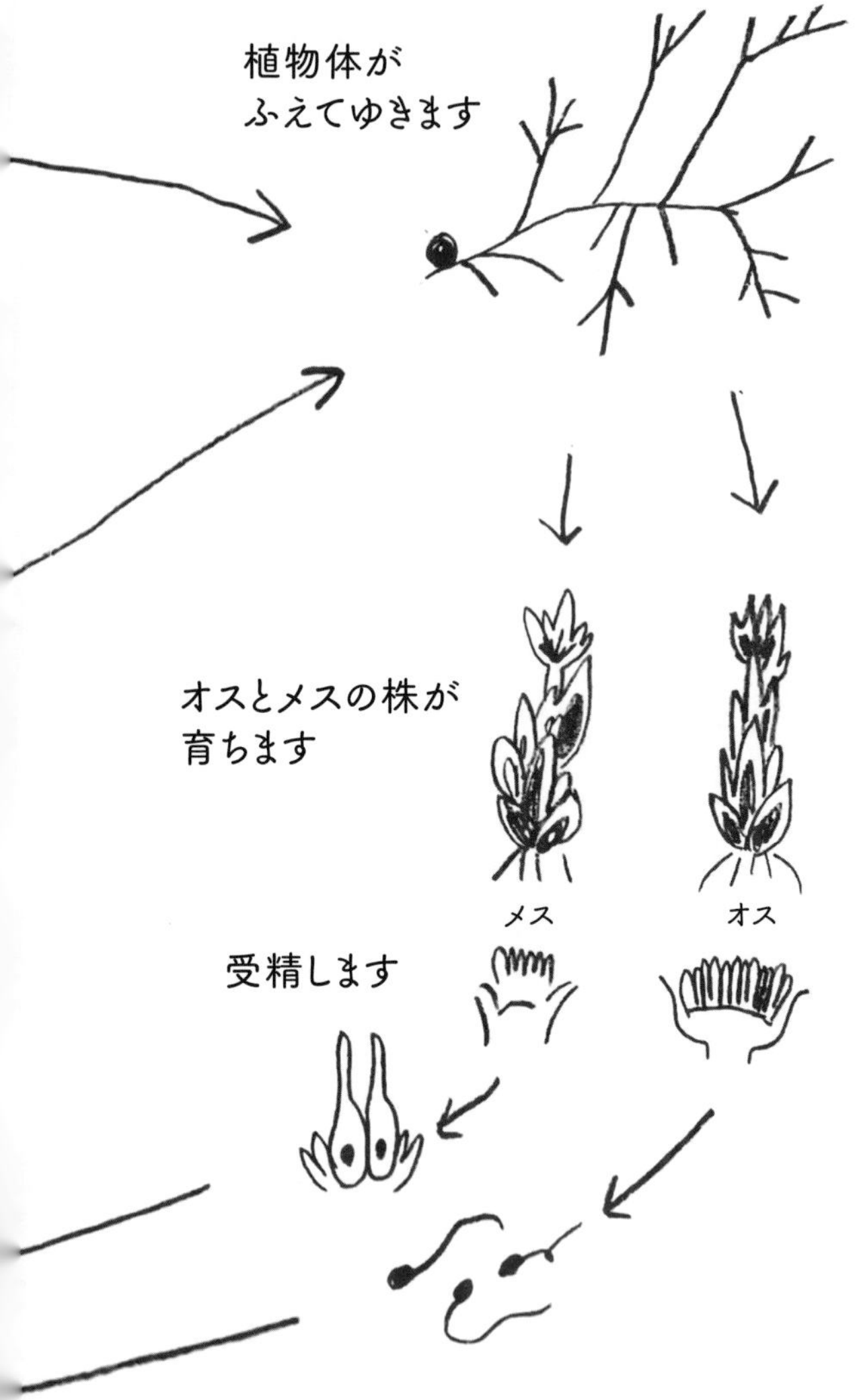
植物体が
ふえてゆきます
オスとメスの株が
育ちます
メス
オス
受精します

苔は茎も葉もなく、花も咲かず、種もつくらない。そういう意味では、木や草と違うようだが、苔は日光と二酸化炭素で光合成して生きている、れっきとした植物。木や草との見た目の違いは「維管束（いかんそく）」の有無。維管束とは、植物を支え、体内に液体を運搬する内部組織のひとつ。シダ植物と種子植物は、この器官を通じて、根から地中の水を取り込む。いっぽう、苔にはこの維管束がなく、体表から水を直接、取り込む。これは、かつて苔が水中に生育していた名残だ。

　さらに、苔には花も種もない。季節が来ると、苔には花のように見える部分が出現する。それは胞子を収納した胞子体。ここから胞子を飛ばして、子孫をふやす。

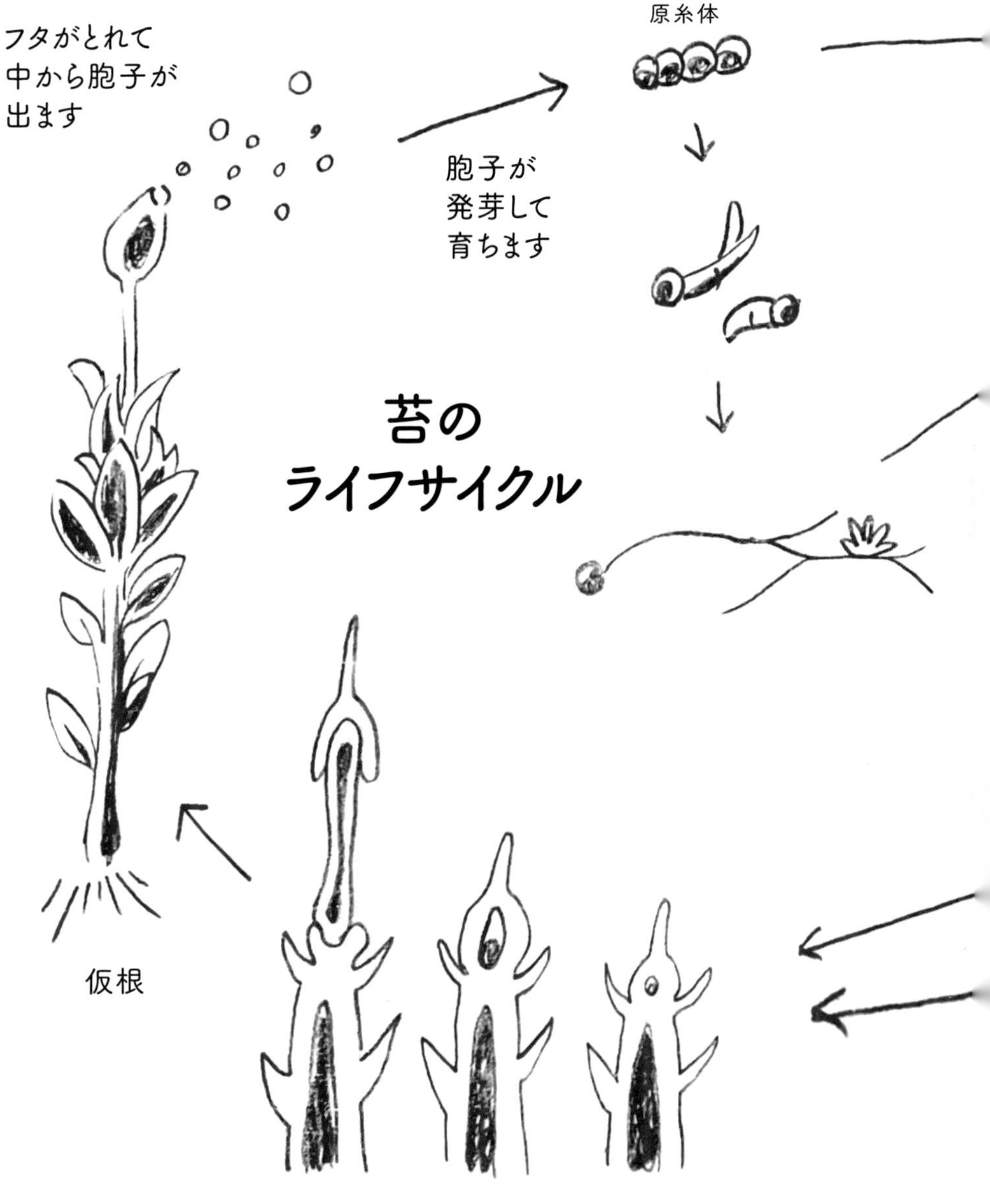
苔の
ライフサイクル
原糸体
フタがとれて
中から胞子が
出ます
胞子が
発芽して
育ちます
仮根
受精したメスの株から
胞子体がのびます

モフモフ、ベタベタ。いろんな苔がある

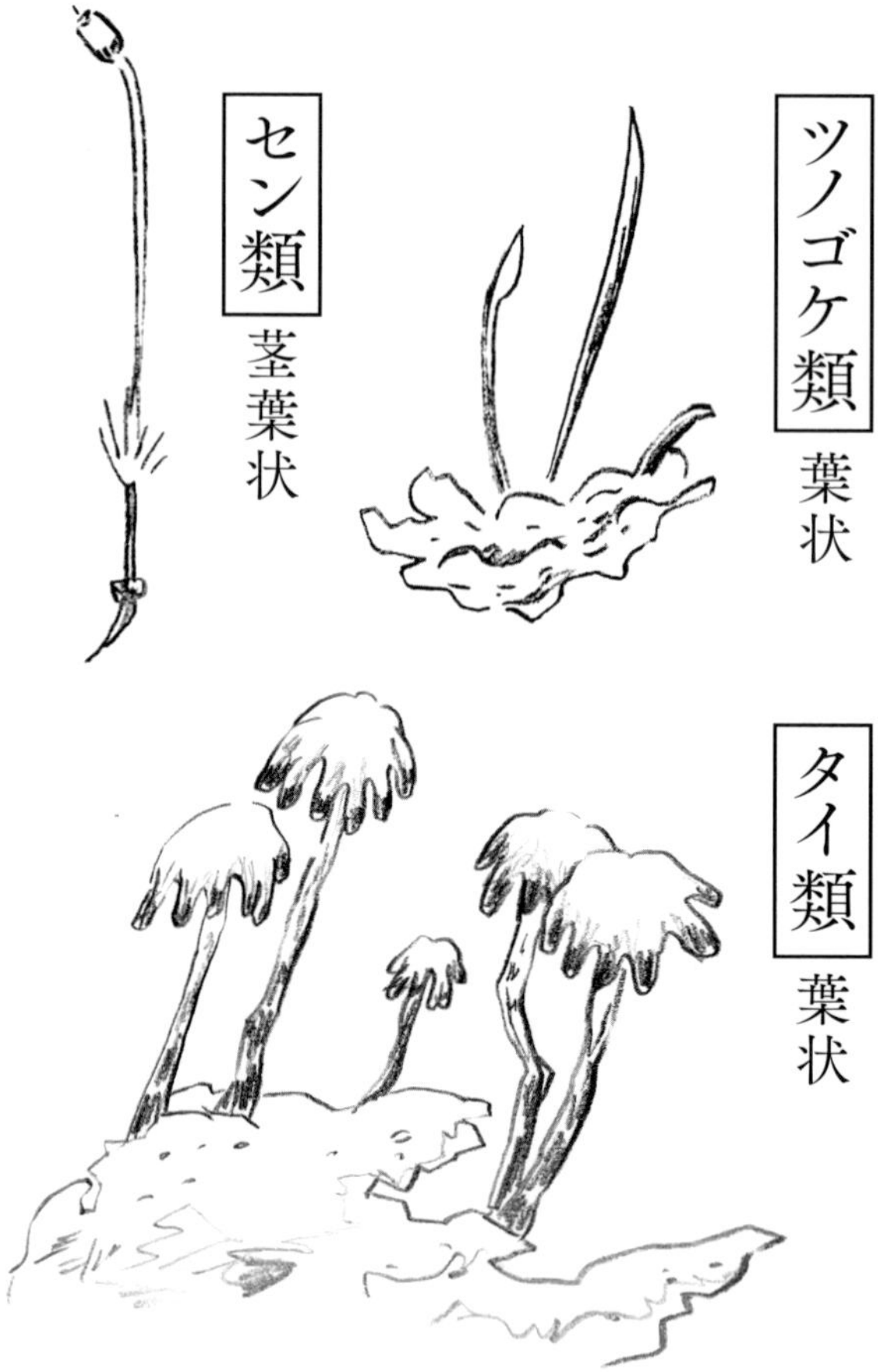

苔には大きく分けて3つのグループがある。セン(蘚)類、タイ(苔)類、ツノゴケ類。セン類の代表はスギゴケ、コツボゴケ。モフモフしていたり、小さな木のような形、先の尖った葉が茎にそって螺旋状についていたりする。タイ類は、特に湿った場所を好み、海藻のようにベッタリとしている。代表的なのがゼニゴケだ。そして、もう一つのツノゴケ類だが、日本のお庭で出会える機会は少ない。日本産のセン類は約1100種、タイ類が約600種、それに比べてツノゴケ類はたった20種だ。

ゼニゴケがシノブゴケを駆逐する。ゼニゴケは踏まれても強い。

嫌われ者の苔もある

お庭の招かざる客、ゼニゴケ。

濃淡やテクスチャーもさまざまな苔が交ざって、平和的に共存している苔庭。しかし、その中に、一部、攻撃的で、一度広がるや、またたくまに他の苔を駆逐してしまうクセの強い苔もある。それが、ゼニゴケ。名前は景気がいいのに、苔庭ではちょっと敬遠される苔だ。旺盛すぎる繁殖力を持つゼニゴケは、胞子だけでなく、クローンで個体を増殖させる「無性芽」を撒き散らす。地面からゼニゴケをはがして駆除しても、一つでも無性芽があると、そこから元通りに再生する。

栄養のとり方も他の苔とは異なる。ゼニゴケは2つのタイプの仮根をもっていて、木や草のように栄養分を吸収することができ、その仮根は土に食い込んで、簡単にははがれない。ゼニゴケを駆除しようとすると、土がたっぷりついてくるのは、そのためだ。思い余って除草剤をまくと逆効果。ライバルの草がいなくなって、ゼニゴケはますます元気に繁殖することに。たくましさには頭が下がるが、庭師さん泣かせの存在といえる。

日本人と苔

日本人のディープな「苔愛」、その理由

宝厳院

国歌に「苔」が うたわれる唯一の国

日本の国歌「君が代」の歌詞は、平安時代前期に編纂された、『古今和歌集』の「わが君は　千代に八千代に　さざれ石の　巌（いわお）となりて　苔のむすまで」という歌がもとになっている。小さな石が岩になり、そこに苔が生えるまでの長い時間を、大切な人の長寿を願う気持ちに重ねてうたい上げた。岩の上に鮮やかな緑色の苔が生える情景は、年月の経過に、しっとりとした情感を添えている。

瑠璃光院

白龍園

「苔むす生き方」へのあこがれ

ロックバンド、ザ・ローリングストーンズの名前の由来は「転石（ローリングストーン）苔むさず」という曲名。アクティブに転がり続けていないと、時代遅れの苔だらけの石になってしまう、という意味だ。しかし、イギリスでは同じ言葉が「落ち着きのない人間は大成しない」という意味になる。日本でも、苔むす石は、古臭いというネガティブな意味よりも、どちらかといえば落ち着きや円熟した人柄を連想させるようだ。

風土が育む、一千年の苔美学

世界に生育する苔の種類は1万8000種類といわれ、そのうち約1700種類が、日本に生育している。日本の湿潤な気候と穏やかな日差しは苔の生育に適していて、中でも、山に囲まれた京都は苔のパラダイス。苔寺として知られる「西芳寺」も、ふんだんに生える苔を、庭の景観に生かすことが、古くから実践されてきた。世界最古の庭の指南書『作庭記』には、平安時代に早くも苔を生かした作庭についての指導が記されている。

「繊細さ」への愛

苔のデリケートさもまた、日本人が苔に親近感を抱くポイントかもしれない。

苔庭は適度な木漏れ日が差すように植栽を整え、苔の光合成を妨げるゴミや落ち葉を丹念に手で掃除するなど、自然とコミュニケーションし、手間を惜しまない細やかな仕事が、その美しさを磨き上げる。

「静寂の守り人」としての苔

苔庭で感じる、あたかも俗世から離れた場所にあるような「別天地」の雰囲気。それは、心を落ち着かせる緑のビジュアルだけでなく、独特の静寂からも、もたらされている。

落ち葉が落ちた時、苔は「カサッ」という音をたてずに、無音で受け止める。これは、スポンジのような苔の構造に吸音効果があるから。日本人が愛する「静けさ」を、苔は守ってくれている。

浄佳寺

青蓮院

京都の苔庭、4つのスタイル

移りゆく歴史の舞台の中で、数々のお庭文化が花開いた京都。さまざまなコンセプトや美意識が生み出した庭の、主要な4つのスタイルをご紹介。

池泉の庭

平安時代に貴族の間で流行した「浄土思想」は、阿弥陀仏のいる極楽浄土を救いの地と考えた。その理想の世界を庭にあらわしたのが、平等院鳳凰堂や、浄瑠璃寺などの浄土の庭。広大な池泉に島をつくり、池と対岸に、浄土が広がっているように見立てた庭だ。このように、水は日本庭園で大切な要素となり、池のある庭が数多く作られていった。

禅と枯山水

室町期に隆盛した禅宗は、水を使わずに山水を表現するお庭を発展させた。石を動物や自然の景観になぞらえるという抽象表現を、高度に洗練させたのが枯山水庭園だ。石に添えて、随所に苔をあしらうことで、石が自然のものに見えるという効果が生まれる。

龍源院

茶庭、露地

茶室への通路が、露地庭。茶室という非日常の空間へのアプローチである露地には、飛び石、延べ段、灯籠、手水鉢（ちょうずばち）など、素朴な石が用いられ、苔の深い緑と調和して「市中の山居」の雰囲気を醸す。

moksa

ゲストハウス「草と本」

町家の庭

町家の中庭に設けられているのが坪庭。居住空間に視覚的な潤いを与えるだけでなく、室内に風通しを生み出し、夏には天然のクーラーの役割も果たす。

紙上ツアー

京都の秘境、聖なる地に広がる、奇跡の苔の海

白龍園で、「苔浴」さんぽ

京都の中心部から、北を仰ぐと、目に入るのは鞍馬山。ご存じ、天狗伝説をはじめ、太古から山の神々が住むと言われる神聖な場所だ。その鞍馬山の手前に位置する二ノ瀬の里、安養寺山麓にあるお庭が「白龍園」。この地には、不老長寿の白髭大神と八大龍王が祀られている。1962年にここを取得した初代の青野正一氏が、100年以上放置されていた祭祀の跡を発見。信仰を受け継ぐべく、竹藪に覆われていた山を整地して祭壇の復元に着手した。1963年に開山されたこの広大な庭園は「白龍園」と名付けられた。

不思議な由緒をもつ、苔の理想郷

そんな不思議な由緒をもつこのお庭は、青野氏が経営する会社の社員さん、庭師さんたちとが一団となって手作業でコツコツと造営してきた手作りのプライベートガーデン。そして、山間のこの地は、苔にとって理想の環境でもあった。

渓谷を走る清流、湿潤で冷涼な気候、日照が短く、風通しが良い。これによって、庭園一帯が、見事な苔庭になった。ただ美しいだけでなく、すべてが天然のままの苔ゆえに、場所によっては知られざる苔のワイルドさや、他の植物との共生の妙も見ることができる。これだけのスケール感で、苔が醸し出す神秘的なオーラを五感で味わえるお庭は、他にないだろう。

河鹿荘からの眺め

入り口の石碑

まずは古民家「河鹿荘」から、時空を超えた苔天国へ

白龍園の入り口前で来訪者を迎える茶屋「河鹿荘」は、江戸時代の建物。平屋建てで屋根は杉皮葺。大きな囲炉裏のある土間は、民話のなかにタイムスリップしたような風情。ここでお茶をいただくことができる。

園内に満ちる苔の「気」を深呼吸

石碑が立つ入り口から、園内へ。その道中にも、すでに苔の緑が満ちている。起伏のある園内へは、苔むした階段を登って。この階段の石も、初代の青野氏と社員さんたちが手ずから積んだものだ。堂々たる寛永寺型灯籠が出迎えるその上には、一面、杉苔の原っぱが広がる。もとは玉砂利だった地面に、徐々に苔が広がったものだというから驚きだ。来るたびにますます苔の面積が広がっていて、苔の静かなる生命力を実感させる。

園内の東屋からの眺めを楽しみ、そして参道へ

進むほどに、斜面も地面も、苔のグリーンワールドに囲まれる。清々しさと潤いにむせかえるような散策路が続く。園内には随所に東屋が設けられているから、一休みしながら、角度を変えてお庭を鑑賞しよう。春には桜見物の特等席になる「清風亭」、その先には、見晴らしのいい茶室風の東屋「龍吟亭」。順路は、ここから白龍神社の参道へと続く。

白龍神社の霊気に心洗われ、絶景の東屋へ

白龍神社から、「福寿亭」へ。高台にあり、見晴らしがいい。借景の二ノ瀬の山並みも涼やかで、多彩な苔が織りなす緑の濃淡の美しさ、豊かさが目を洗う。僧正ヶ谷を水源とする浄水が流れる道を歩んで、白龍神社へ。朱色の太鼓橋が見える。これもまた青野氏と社員さんが手作りで架けたものだ。神秘的な空気が敬虔な祈りと溶け合う。

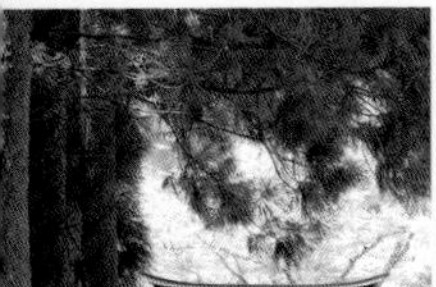

白龍神社の鳥居

福寿亭

彩雲亭カンアオイの窓

場所、季節ごとに飽きさせない魅力

園内、5軒ある東屋のうち、最も新しくそして美しいのが、「カンアオイの窓」がある「彩雲亭」。カンアオイは白龍園のシンボルになっている植物だ。「映える」写真を狙うならぜひ、ここで。

春と秋に公開されるこのお庭、いずれも苔の美しい時期にあたる。写真では伝えきれない魅力を、ぜひ体感してほしい。

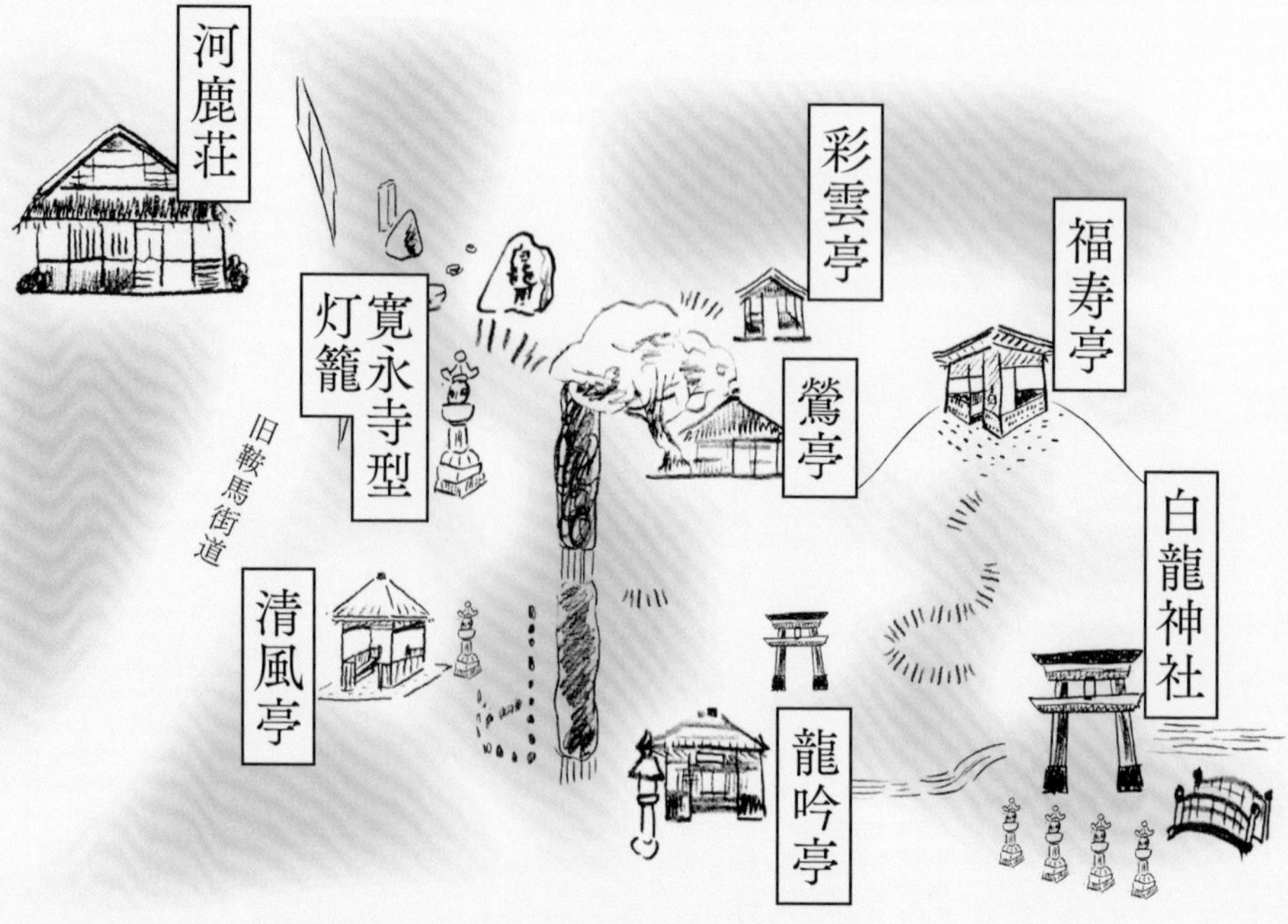

白龍園4つの苔景

ミックス苔

たくさんの種類の苔が混生することで、ますます勢いが良くなる。混ざり具合の美しさ。

絨毯苔

整地された地面が苔に覆われていて、毛足の長い絨毯を敷き詰めたような苔の野原。

苔と石

園内にあるつくばい、灯籠はすべて苔むしていて風情があり、未知の生き物のよう。

苔むし屋根

杉皮にびっしりと生えた苔。まるで苔の笠をかぶっているような「河鹿荘」。

白龍園

はくりゅうえん：山ひとつが全て苔庭という贅沢なプライベートガーデン。年に2度だけ公開され、春は桜、秋は紅葉と苔のコンビネーションが美しい。毎年通えば、苔が年々美しく育ってゆく様子を観察できる。

京都市左京区鞍馬二ノ瀬町106　アクセス●叡山電鉄「二ノ瀬」駅より徒歩7分　見学●春と秋に公開　一般観覧10：00～14：00
入園料、公開時期はHP参照　https://hakuryuen.com/

苔のいろいろ

知っておきたい、庭を彩る苔図鑑

コツボゴケ

やや日陰の湿った地面や岩上に生える。卵形で先が尖った葉と、透明感のある明るい黄緑色。茎が横に這って四方に広がるように育つ。

スギゴケ

針のように尖った葉をつけ、背丈が高く、乾燥に強い。日本庭園で最もよく見られる苔。庭園の多くではウマスギゴケが使われている。

ハイゴケ

羽根状の黄緑色の葉を持ち、ほふく性の性質から、「ハイゴケ」（這い苔）と呼ばれる。日当たりの良い山地、木の下などで広がる。

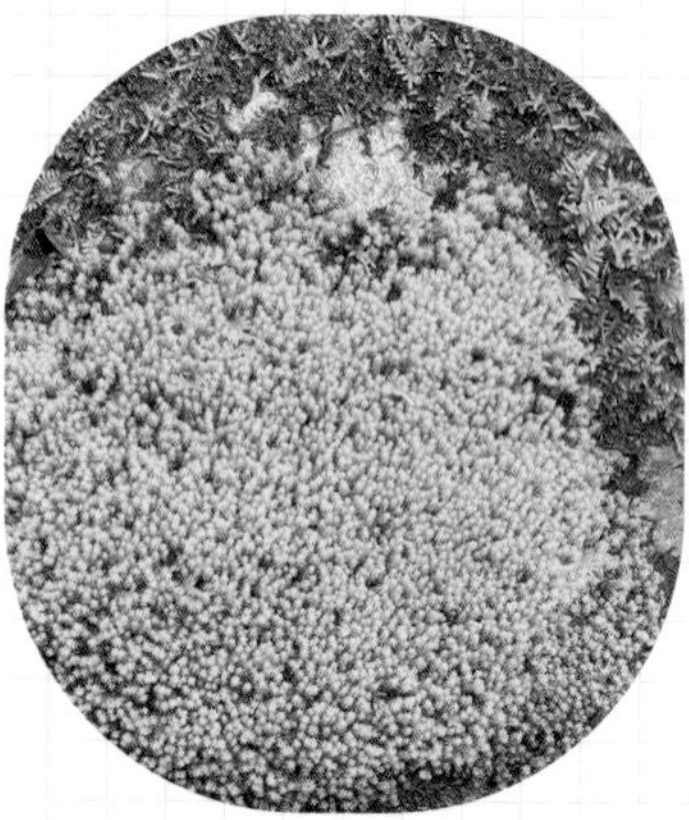

スナゴケ

お庭づくりで、スギゴケに次いでよく使われるのが、スナゴケ。多くがエゾスナゴケで、やや黄緑色をしている。日当たりを好む。

シノブゴケ

黄緑色の葉が小さなシダのようにギザギザと枝分かれする姿が美しい。仮根が発生しやすく、マット状に広がる。

ホソバオキナゴケ

山ゴケとも呼ばれる苔で、お饅頭のような丸い形をしている。乾燥すると白くなり、翁のヒゲのようなのでオキナゴケと呼ばれる。

シッポゴケ

主に半日陰地に生息する。動物のシッポのように見えるため、この名が。やや小振り。美しい緑色で他の苔にはないふわふわ感が癒やし系。

ヒノキゴケ

密に葉を茂らせ、明るい緑色がとても美しい。茎葉の上部が曲がって育つのが特徴。葉が乾くと開出してつき、葉先が溝状に細くなる。

苔は何色？

朝日を浴びて光る苔。

ハイゴケの淡いグリーン。

まるで蛍光色。ツヤツヤしたウロコゴケ。

「苔色」と聞いて、多くの人は落ち着いたモスグリーンを連想するかもしれない。とはいえ、苔は、一生、一年中ずっと同じ色ではない。苔の色で最も美しいのは、朝露に濡れて、まるで緑に発光しているように見える状態。これは、夜のうちに結露した露がプリズムのように光を反射、あるいは薄い葉が光を透過しているから。ハイゴケ、シノブゴケの仲間は、日照が増してくると黄色くなる。アカゴケの仲間は、胞子を形成した後、赤褐色になって、世代が変わると、また青々とした色へと戻ってゆく。

スナゴケとスギゴケが混植し、
ツートーンになっている。

スギゴケとスナゴケの黄緑色のミックス。

羽毛のようにふわふわしたシッポゴケ。

夏の休眠中の苔。

鹿のオシッコで変色した苔。

このように、苔の色はライフサイクル、季節や環境によって変化する。そして、望まない理由でも、苔は変色する。苔庭のところどころに、水玉模様のように色が変色していることがある。これは、鹿や猪のオシッコの跡。動物たちは苔を食べることはないが、苔の下に眠っている虫を狙って苔庭に侵入。痕跡を残してゆくのだ。

苔の一年

一年を通して変化し続ける苔
四季折々の見どころを、見逃さず味わいたい

春

白龍園

暖かい日差しとしっとりした雨を受けて、苔がもっとも成長する季節。この時期は他の植物や木々の葉がまだ育っていないので、苔は太陽の光をたっぷり受け、光合成を行う。光合成によって大きく成長した苔は、生き生きとした姿になる。日ごとの変化も、見ていて楽しい。

夏

梅雨の季節は、苔の生殖の時期にあたる。湿潤な気候のおかげで苔は美しい姿に成長するが、35度以上になると苔は傷み、枯れることもある。また、強い直射日光に当たると日焼けもしてしまう。苔が茶色になるのは傷んでいる状態。休眠して、雨が降るまで耐えしのぶ。

光明院

白龍園

秋

気温が下がり、冷涼で雨が降る季節になると、苔は調子が良くなり、再び美しい緑色となってよみがえる。春と同じく、この時期にも苔は成長し、美しい姿をみせてくれる。そして、紅葉の時期にはカエデの赤と苔の緑が映えて、この時期だけの絶景をかたちづくる。

冬

寒い季節になると、苔は休眠期に入り、成長が止まる。雪や霜柱、また寒風が強いと苔は乾燥してしまい、傷んでしまう。こうした霜や雪からのダメージから苔を守るためにあるのが、冬の風物詩「敷き松葉」。秋に落ちた松葉を乾燥させたもので、苔を覆って守る昔ながらの知恵だ。

東福寺

苔の相棒、シダとカズラ

大きな苔のように見える植物に、シダ類がある。これは、苔が進化して維管束をもったもので、苔との違いは茎と葉と根があること。シダの語源は「しだれる」といわれ、漢字で書くと「羊歯」。葉のギザギザが、草食動物の歯のようにびっしりと並んでいる様子が、文字でうまく表現されている。代表的なシダに、お正月のしめ縄や鏡餅の飾りとして使われる「ウラジロ（裏白）」がある。葉にたくさんの胞子をつけ、群をなして葉が旺盛に生える様子は、子孫繁栄の象徴、そしてご先祖様の宿る場所とも信じられて、正月に飾られた。また、戦国武将たちは悪霊を払う力を宿す植物として、シダの形の飾りを身につけた。

ウラジロと同様に、お正月の縁起物として飾りに使われる「ヒカゲノカズラ（日陰の葛）」も、シダの仲間。日本の神話には、天岩戸の前でアメノウズメが踊った際、素肌にヒカゲノカズラをまとっていたとも伝わる。根を点々と張りながら長く伸びる姿には、長寿を祈願する意味も込められた。清らかな苔庭の相棒にふさわしい、縁起のいい仲間だ。

シダとの共生

ヒカゲノカズラ

第2章 苔を見る

京都苔庭コレクション1
クラシックな苔庭

古典的なセオリーを踏まえた京都の苔庭、伝統を味わう

室町時代の庭に、龍が泳ぎ、苔が萌える

大徳寺
龍源院

「一枝担の庭」。方丈の南は祭祀の空間だったが、そこに庭がつくられるようになった。

須弥山石組。室町時代から江戸時代に好まれた紀州青石を立てている。また、龍の姿を宿しているとも。

9つの山と8つの海

大徳寺の塔頭で最も古い、この龍源院には、作庭時期がことなる4つの庭がある。最も古い北庭「龍吟庭」は室町時代の作で、開山の東渓宗牧（とうけいそうぼく）または、相阿弥の作といわれる。「洛北の苔寺」と呼ばれるように、一面に広がる苔庭の視覚的なスケールは圧巻。

ここに表現されている世界観は「九山八海（くせんはっかい）」。9つの山と8つの海をあらわし、冴えざえとしたブルーの紀州青石が、仏教の聖なる山・須弥山を象徴する。また、この石は龍にもたとえられ、「龍吟庭」の名の通り、龍が吠え、雲の中を泳ぐ姿が抽象的に描かれているとも言われる。その龍にまるで生きているかのような躍動感を与えているのは、深々とした青い苔だ。

日本一小さな坪庭ともいわれる
「東滴壺」。

聚楽第の礎石だったといわれる石。

近代の庭のミニマルな美

方丈南庭の「一枝担（いっしだん）の庭」は、1980年に作られた。当時のご住職の手になるもので、苔が丸い島のようにあしらわれ、亀島をシンボリックにあらわしている。

庭は他にも2つあり、ひとつが中国の地名に由来する枯山水庭園「滹沱底（こだてい）」、別名「阿吽の庭」。ここで阿と吽を表している石には、豊臣秀吉が京都に造営した幻の城、聚楽第の礎石が使われている。もう一つの枯山水のお庭は、方丈と庫裏との間の狭小な空間に置かれた坪庭「東滴壺（とうてきこ）」で、5つの石のみで

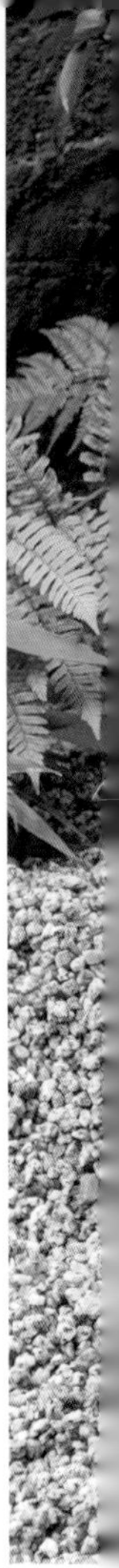

大徳寺 龍源院

りょうげんいん：室町時代中期創建の大徳寺の塔頭寺院。創建以来の本堂（方丈）、唐門・表門は重要文化財。大徳寺の中では「瑞峯院」、特別名勝「大仙院庭園」とともに常時拝観可能な塔頭。

京都市北区紫野大徳寺町82-1　TEL075-491-7635　アクセス●市バス「大徳寺前」下車、徒歩5分　拝観●9:00～16:20、大人400円

構成されたミニマルなデザインだ。「日本最小の坪庭」ともいわれているが、この庭は重森三玲のサポートをしていた鍋島岳生（なべしまがくしょう）の、現存する貴重な作品。このお寺には、室町時代に始まり、昭和にも個性的な庭が生み出された。時代とデザインの違う庭を、苔が、生き生きとつないでいる。

巨石に苔の生命感、雲が湧き上がるよう

宝厳院

シノブゴケやシッポゴケが絨毯のように一面に広がる。

獅子岩は、元々この地の河原の石だった。

ビロードのような苔が巨石を覆う

宝巌院には美しい苔が、一年中境内を覆っている。大堰川がもたらす湿潤な気候と嵐山の冷涼な空気の中、長い時間をかけて育った苔は、ビロードのようにフカフカで、煌めいている。特にここのシッポゴケは水分で艶々として、見る者の心を穏やかにしてくれる。

庭園の名前は「獅子吼（ししく）の庭」といい、室町時代末に中国に二度渡った禅僧、策彦周良（さくげんしゅうりょう）によって作庭された。「仏が説法する」という意味の「獅子吼」とは、吼（ほ）える獅子も、仏様の説法を聞くと静かになる、ということから。

江戸時代のガイドブック『都林泉名勝図会（みやこりんせんめいしょうずえ）』（1799年刊行）には、当時の名前の妙智院として、この庭が掲載されている。その頃は枯山水の名庭として評判だった。高さ3メートルに近い巨石「獅子岩」は、獅子吼の庭の名石として、絵図に描かれている。

岩肌に苔だけでなく、着生ランが生えている。その姿から、この石がここで過ごしてきた長い年月が、ひしひしと感じられる。

緩やかに流れる小川のせせらぎ。水は天龍寺の曹源池から引き込まれている。

黒い丸石は苦海を表す。向こう側は蓬莱の世界。そこを目指そうとする舟を表す舟石や、海を渡る獣たちが石で表現されている。

戦で荒れ、再び蘇った庭

　江戸時代までは、天龍寺の塔頭の妙智院という寺院だったが、幕末の戦禍によって荒廃した。そして、明治時代に民間へ払い下げられ、別荘地となった。2002年に宝厳院が譲り受け、再び寺院となる。当時庭は荒れ果てていたが、ご住職や庭師さんのご尽力により修復された。そして石だけでなく、カエデの木の新緑や紅葉、苔が美しい名庭へと蘇った。

　龍門瀑や蓬莱の世界を表した枯山水庭園は、黒い丸石を敷き詰めて「苦海」を表現している。苦海の向こうには三尊石が据えられ、十二支の獣たちが海を渡って向こ

う岸へ辿り着こうとする姿を石で、また人が舟に乗って航海する様を、舟石で表している。

宝厳院

ほうごんいん：臨済宗天龍寺派・大本山天龍寺の塔頭寺院。室町時代に細川頼之公によって創建された。本尊は十一面観音菩薩、脇仏には 33 体の観音菩薩。足利尊氏が信仰したと寺伝に伝わる地蔵菩薩像が祀られている。江戸時代、天龍寺の塔頭、妙智院だった。

京都市右京区嵯峨天龍寺芒ノ馬場町 36　TEL075-861-0091　●アクセス JR「嵯峨嵐山」駅下車徒歩 10 分／嵐電「嵐山」駅下車徒歩 3 分／阪急「嵐山」駅下車徒歩 10 分　●拝観　春と秋に公開　https://hogonin.jp/

戦国武将たちの思いを、苔が包み込む

大徳寺 黄梅院

「破頭庭」の白砂と苔の間は縁石で一直線に区切られ、シャープな印象を与える。
初夏は沙羅の花（夏椿）、冬は椿の花が咲く。

庭に大きな存在感を与える三尊石。比叡山から運ばれたものと伝わる。

信長ゆかりの庭に秀吉の意匠

目に飛び込んでくる広々と明るい苔の庭。黄梅院の書院前にある「直中庭（じきちゅうてい）」は、苔がメインの自然豊かな庭だ。白砂の枯山水の庭が多い大徳寺の中では珍しく、苔やカエデ、ススキなどの植物が楽しめる。寺院の由緒には、名高い戦国大名たちの名前が数多く登場する。起源は、織田信長が父を弔うために建てた黄梅庵。それを豊臣秀吉が受け継ぎ、千利休に命じて「直中庭」を作らせた。信長ゆかりの庭に、自身の軍旗の旗印である瓢箪の型をした枯池を作らせるとは、

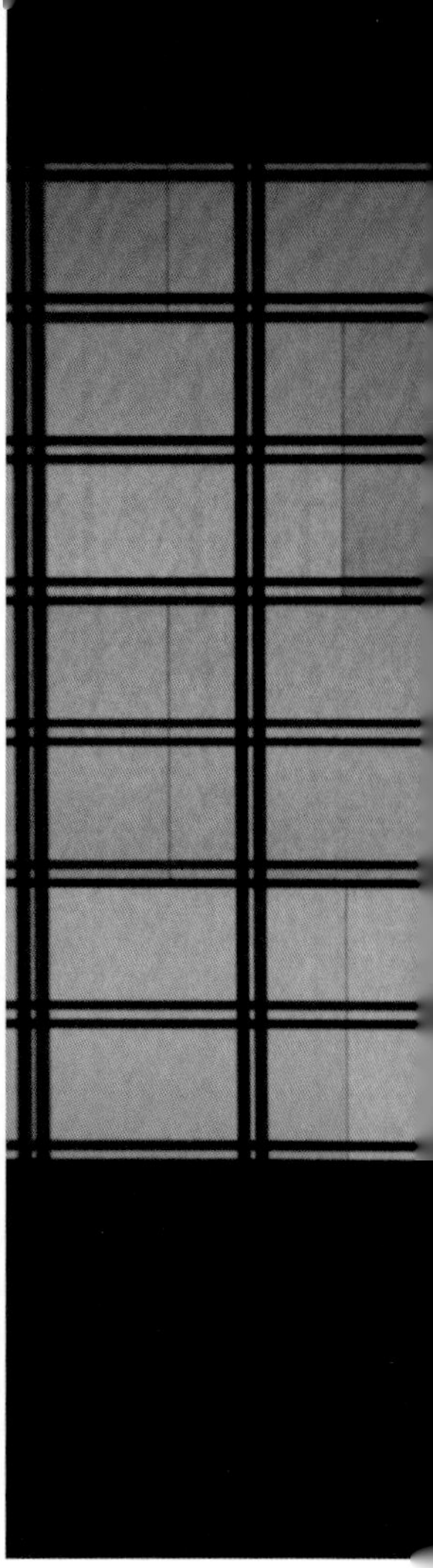

枯池にかかる石橋は、伏見城の遺構。

秀吉らしいエピソードだ。枯池の護岸の石は、大小の石のバランスが絶妙で、利休の非凡な才能が作庭にも表れている。

戦国武将の美意識を感じる

枯池の向こうに見える大石と小さな2つの石は、仏と脇侍を表す三尊石。苔に覆われた存在感のある大石は、比叡山から運ばれたと伝えられる。またここには加藤清正が朝鮮出兵の際に持ち帰り、秀吉に寄進した「寄せ灯籠」もある。この庭は戦国の武将や茶人の美意識を、目の前で感じさせてくれる。

観音菩薩と勢至菩薩が、釈迦の話を聞く様子を表す「聴聞石」。

お釈迦様の話に耳を傾ける石

本堂の前にある「破頭庭(はとうてい)」は、白砂と苔地をキッパリと二分した枯山水の庭。手前の白砂は雄大な水の景色、その向こうは苔の陸地の景色。この2つの景色を、葛石(かずらいし)という縁石を使って、真っ直ぐに区切っている。苔地には、観音菩薩と勢至菩薩に見立てた「聴聞石」が立つ。

聴聞とは、本堂のお釈迦様のお話を聞いている姿を表しているから。2人の菩薩様の微笑ましい姿を、石で表現している。直中庭と同じ天正期に作られたとされるが、こちらの庭は誰が作庭し

加藤清正が朝鮮から持ち帰ったパーツを使い、他のものと寄せてつくった「寄せ灯籠」。

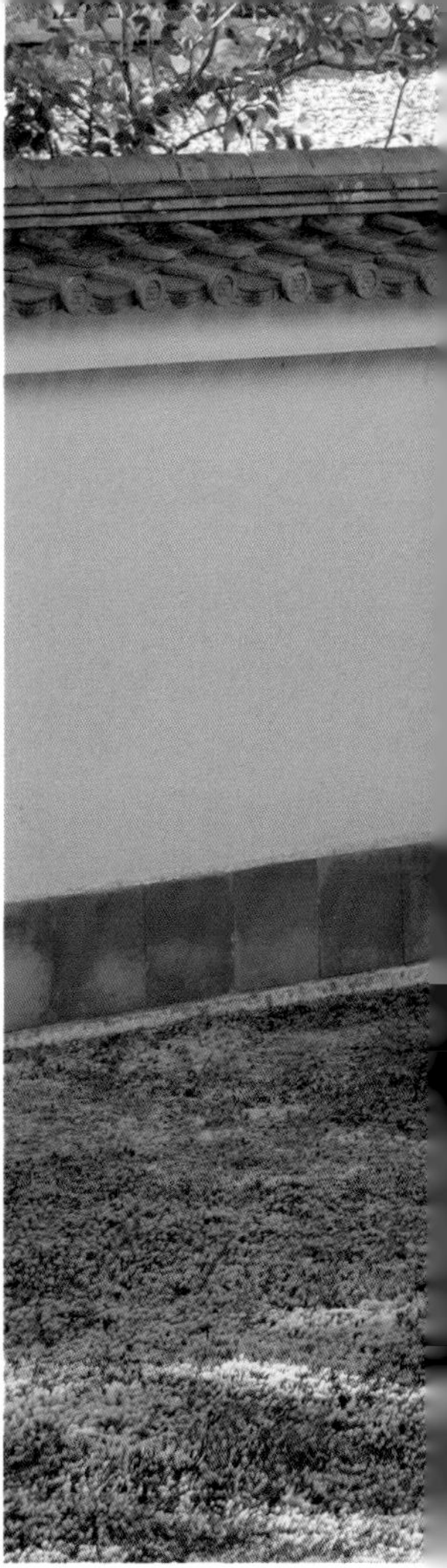

大徳寺 黄梅院

おうばいいん：臨済宗大徳寺派大本山、大徳寺の塔頭寺院。永禄 5 年（1562）、織田信長が 28 歳で初めて上洛した際に、ここに小庵「黄梅庵」を建立した。それを豊臣秀吉が増築して天正 17 年（1589）に「黄梅院」と改めた。千利休作と伝わる「直中庭」、武野紹鷗好みの茶室「昨夢軒」などがあり、釣り鐘は加藤清正が献上したもの。

京都市北区紫野大徳寺町 83-1　アクセス●市バス「大徳寺前」下車、徒歩 5 分　拝観●春と秋に公開（公開についての情報は京都春秋 HP を参照）
https://kyotoshunju.com/temple/daitokuji-oubaiin/

たのか分かっていない。庭の直線の使い方や、聴聞石の石組を見ると、高い美意識の持ち主がもう一人いたと推測できる。

大楠の木漏れ日の下、白洲が緑に染まる

青蓮院

室町時代の端正な庭。龍心池の水色が神秘的。
池には跨龍橋が架かり、洗心滝の水音が心地よい。

まるで龍が泳いでいるような大石。

大きな楠がシンボルの「粟田御所」

門前の大きなクスノキが印象的な青蓮院。「粟田御所」という呼び名もあるように、東山、岡崎エリアの中でも別格の高貴な空気が漂う。平安時代から皇族を門主に迎え、門跡寺院として栄えたこのお寺では、日本の庭園史の中でも重要な2人の作品を見ることができる。

小堀遠州の作と伝えられる「霧島の庭」。キリシマツツジ、楓、苔のコントラストが見事。

相阿弥と小堀遠州
二人の巨匠の庭

その一つは足利将軍家に仕えた同朋衆、相阿弥が手がけたと伝わる小御所前の池泉回遊式の庭園。大きな池に優美な形の築山が作られた庭園は、室町時代の公家風の雅さが感じられる。「龍心池」の水が、くぐもった水色をしているのも神秘的だ。この場所は、京の四神相応の東に位置し、龍はその守護神。龍心池には「跨龍橋」という、龍が池を跨ぐ姿をあらわした小さな橋も架かる。まるで庭全体が龍に守られているような雰囲気がある。

もう一つは、江戸時代の茶

青蓮院

しょうれんいん：天台宗の京都五箇室門跡の一つ。伝教大師最澄以来の比叡山上の住坊「青蓮坊」が発祥。平安末期から明治時代まで門主に皇族、五摂家の子弟を迎え、応仁の乱で一時荒廃するが豊臣秀吉の尽力で復興。境内地全域で約1万坪が国の史跡に指定されている。門前の楠の大木は、京都市指定の天然記念物。

京都市東山区粟田口三条坊町69-1 TEL075-561-2345 アクセス●地下鉄東西線「東山」駅下車、徒歩約5分／市バス「神宮道」下車、徒歩約3分 拝観●9：00～17：00（受付終了16：30）一般600円 http://www.shorenin.com/

人であり、作事奉行だった小堀遠州が作ったとされる「霧島の庭」。キリシマツツジの老木があり、春になると真っ赤な花が咲く。秋はモミジの紅い景色となり、苔との対比でますます美しい。

宸殿前には、青々とした苔が広がる景色も楽しめる。この建物は御所の宸殿を模していて、御所と同じように、白洲の庭に左近の桜、右近の橘が植えられていた。しかし湿潤な東山の立地と、樹齢400年のクスノキの大木の木漏れ日によって、白砂だったところに苔がのびのびと育ち、今では苔が一面広がっている。クスノキは親鸞聖人のお手植えと伝えられるもの。この苔も親鸞聖人によって守られているのかもしれない。

静かな山寺に苔階段のドラマチックな景色

浄住寺

本堂へ続く苔階段。美しい石段と苔の景色は京都でもトップクラス。

開梆（かいぱん）は、黄檗宗の寺のシンボル。木魚の原型。

自然に苔むした、山寺の石段

京都には、苔の生育に最適なエリアがいくつかある。浄住寺のある西山エリアは、苔寺で知られる西芳寺や、苔の美しさが名高い地蔵院が位置する場所。浄住寺もこの地の湿潤で冷涼な気候によって、苔が生える環境に恵まれている。このお寺の見どころになっている素晴らしい景観が、自然に苔むした「苔階段」だ。石段の石の積み方だけ見てもとても美しいのに、そこに苔がつくことで何とも言えない侘びた情景になっている。個人的に「京都の石段が美しい寺院のトップ3」に入ると思う。周りのカエデの景色も良い。夏は青楓、秋は紅葉の色で辺り一面が染まり、一段一段登って行くと、その色に吸い込まれる。

中島の丸い石は、仏の歯を表している。

池の中央にある不思議な石の謎

苔の階段を登った境内には、中国様式の本堂が建つ。浄住寺は9世紀に天台宗寺院として創建されたが、江戸時代に黄檗宗の寺院となった。通常は非公開だが、特別公開の時には江戸時代に作られた方丈庭園を拝観することができる。睡蓮が咲く池の周りや山の斜面には、苔が豊かに生え、緑の景色を作る。よく見ると池の中島の中央に丸い石が据えられている。これは、お釈迦様の歯を表す石。軍記物語『太平記』によると、釈迦の入滅時、鬼神・捷疾鬼（しようしつき）が釈迦の歯を奪っ

亀の甲羅のような模様が浮かぶ、亀甲竹。境内には珍しい竹を集めた竹林がある。

浄住寺

じょうじゅうじ：弘仁元年（810）、嵯峨天皇の勅願により、円仁（慈覚大師）が天台宗寺院として開創。元禄2年（1689）、禅宗・黄檗宗の寺として鉄牛禅師によって再興された。方丈の建物は伊達藩の屋敷を移築したもの。洛西三十三観音霊場第三十番札所。

京都市西京区山田開キ町9　TEL075-381-6029　アクセス●阪急電車「上桂」駅下車、徒歩約10分／市バス「鈴虫寺・苔寺道」、京都バス「苔寺・すず虫寺」下車、徒歩約5分　●拝観自由（本堂・方丈は通常非公開）　https://jojuji.org/

て逃げるが、韋駄天が追いかけて取り戻す。その歯は中国の律宗の祖・道宣律師に渡り、その後海を越えて日本に。平安時代初期、第52代・嵯峨天皇（786〜842）の手に渡り、この寺に安置されたという壮大なストーリーだ。

釈迦の歯は中興開山の鉄牛禅師の舎利（骨）とともに石窟に納められ、その上には巨石が置かれているらしい。そんな伝説を知ってから石を眺めると、何とはない石もお釈迦様の歯に見えてくるから面白い。伝説通り、やっと安住の地に収まったのかもしれない。

お寺のお庭のキーワード

【蓬莱式庭園】

不老不死の仙人が住む理想郷、蓬莱山（蓬莱島）をモチーフにした庭園。苔地が島を表現していることが多く、その上に蓬莱山を表す石組を立て、白砂で大海を表す。

【須弥山《しゅみせん》】

古代インドの世界観の中心にそびえる山。仏教の世界観では、須弥山をとりまいて7つの金の山と鉄の山があり、その間に8つの海がある。これを九山八海という。

【三尊石】

中尊と左右の脇に控えた２体の脇持の3つで構成された仏像の安置のしかたを三尊仏という。三尊石は、それを3つの石でかたどっているもの。

光明院

【枯山水】

水を使わず、小石や砂を水に見立てた庭。砂紋が水の流れを表現する。仮山水とも呼ばれた。

【七五三石組】

石組には、蓬莱山そのものを表現したものや、蓬莱、鶴、亀、神仙島など、さまざまな意味を見立てた石が立てられることが多い。その数は、3、5、7の奇数が一般的。

建仁寺

第2章 苔を見る

京都苔庭コレクション2
ランドスケープの苔庭

苔が彩る、ハッとする景観。作庭家のセンスが光る庭

苔にフェードアウトする正方形の敷石のリズム

東福寺

北庭の「小市松模様の庭」。東に行くほどフェードアウトする敷石と余白が美しい。

円柱で表現された北斗七星。

重森三玲のデビュー作 大胆で繊細なデザイン

昭和の作庭家・重森三玲のメジャーデビュー作にして、彼の名前が知れ渡ることになったのが、東福寺の方丈を囲む4つの庭園だ。生涯200近い庭園をつくった重森が1939年に手がけた。彼の大胆かつ繊細なデザイン力が表現された庭園になっている。作庭に際し「一切の無駄をしてはならない」という禅の思想にもとづいて、寺院にあった石を再利用するよう、重森は依頼を受ける。彼はその注文に見事に応え、使われなくなった石を利用して美しい庭へと変身させた。

北庭の「小市松模様の庭」は、南庭にある恩賜門の下の敷石だったもの。重森は正方形の石と苔を組み合わせ、市松模様の庭を作り上げた。一度見たら忘れられないこのモダンなデザインの庭は、彼の代表作となった。西から東へとだんだん敷石の数を減らし、フェードアウトしていく様子が素晴らしい。日本画など絵画の勉強をした重森だからこそできるデザインだ。

方丈南庭は「蓬萊神仙思想」にもとづき、四つの神仙島の蓬萊、瀛洲、壺梁、方丈が表現されている。

蓬萊神仙の世界を表現

東庭の「北斗七星の庭」では、石の円柱で北斗七星の星座の形を描くという、寺院には珍しいデザインになっている。この円柱は東司（お手洗い）の柱の石を再利用したもの。また「井田（せいでん）の庭」も、葛石（かずらいし）という縁石を再利用して市松模様を作り、そこにサツキを植え、正方形に刈り込んでいる。様々な制約があるなかで、重森は機知に富み、素晴らしいデザインを生み出した。

「方丈南庭」は、蓬萊神仙の世界の海と島々を、いくつもの立石や大きな横に長い石

方丈西庭「井田の庭」。葛石で表現された市松模様。元々サツキは埋められ、地上から少しだけ出るデザインだった。

「方丈南庭」にある、京都臨済宗の五山を象徴した築山。

で表現している。西側には京都の臨済宗の五山（南禅寺を別格とし、その下に天龍寺、相国寺、建仁寺、東福寺、万寿寺が位置する）を表した築山がアクセントとなっている。市松模様の直線にも、五山の曲線にも、重森は苔を自在に扱い、新たな景色を作り上げていった。

東福寺

とうふくじ：臨済宗東福寺派の大本山で、日本最大級の伽藍を誇り、三門は室町時代の建築で国宝。本坊庭園は2014年に国指定名勝に登録された。25カ寺の塔頭がある。紅葉の名所として知られる。

京都市東山区本町15-778　TEL075-561-0087　アクセス●JR･京阪電車「東福寺」駅から徒歩約10分／市バス「東福寺」下車、徒歩約4分／京阪電車「鳥羽街道駅」から徒歩約10分　拝観● 9:00 ～ 16:30（11月から12月初旬は早朝拝観を実施、要予約）／庭園入場料・大人500円 https://tofukuji.jp

円柱はもとは東司の柱。砂紋のデザインも重森三玲によるもの。

苔、カエデ、ドウダンツツジのシンプルな植栽で自然の景を作る。

苔があらわす、渦潮のうねりと轟き

建仁寺

栄西禅師が中国へ渡る大海原を表現した「大雄苑」。
「七五三」に配置された15個の石が据えられている。

潮の音を聴き うねりを感じる庭

建仁寺は、建仁2年（1202）、源頼家が土地を寄進し、栄西禅師が開山した寺院。京都の禅宗寺院の中で一番古い歴史を持つ。しかし2つある庭園は比較的新しい。

平成に作られた「潮音庭」は、大書院と小書院の建物とそれを繋ぐ2つの渡り廊下に囲まれた坪庭。見る人の視線が四方から注がれるため、全方向から美しく見える庭としてデザインされている。この庭を監修した庭師の北山安夫氏は、三尊石を中央に据え、渦巻き状にその他の石を配置した。円状に石があるので、どの方角から見ても美しい。また石が渦潮のように据えられたことから「潮音庭」の名がつく。枯山水の庭だが、まるで海の風景が浮かぶかのようだ。

また庭のカエデも、渦潮のような流れを感じさせるように枝が剪定されている。青々とした苔とカエデの葉、ドウダンツツジによって自然の景がつくられ、祇園にいることを忘れてしまう。この庭を設計するに際し、北山氏は三重県津市の「北畠氏館跡庭園」を参考にした。ここは室町時代の庭園で、渦巻き状に石が配置されている。北山氏は室町時代からある手法を使い、現在の庭として昇華させたのだ。

潮音庭

「○△□乃庭」シンプルな要素で、禅の四大思想を表す。

白砂に描かれた栄西禅師の志

北山氏が手がけたもうひとつの平成の庭が、本坊中庭の枯山水庭園「○△□（まるさんかくしかく）乃庭」。こちらは禅の四大思想「地水火風」を表現している。それぞれ「井筒の□は地」「砂紋の○が水」「軒下の白砂の△が火」を象徴し、そしてこの場所に吹く「風」で、4つの要素が完成する。

方丈前庭にある「大雄苑」は昭和15年（1940）、昭和の名作庭家、加藤熊吉が手がけた枯山水庭園。中国へ2回留学した栄西禅師が船で渡る様子を表す。穏やかに凪いだ大海原を思わせる

苔はスギゴケが中心となっている。

建仁寺

けんにんじ：建仁２年（1202)、栄西禅師を開山として創建。臨済宗建仁寺派の大本山。京都最古の禅寺で、京都五山の一つ。寺宝の国宝・風神雷神図屏風は、高精密な複製作品が展示されている。昭和と平成時代を代表する加藤熊吉、北山安夫の庭が鑑賞できる。

京都市東山区大和大路通四条下ル小松町　アクセス●京阪電車「祇園四条」駅より徒歩７分／阪急電車「京都河原町」駅より徒歩 10 分　拝観● 10:00 〜 16:30 受付終了（17:00 閉門）一般 800 円　https://www.kenninji.jp/

白砂の広々と雄大な庭だ。眺めていると、はるばる海を越えて仏教を学んだ栄西禅師の想いが偲ばれる。

織田有楽斎が織田信長を弔うため建てたゆかりの塔。

三次元で体感する〝波心〟の世界

東福寺
光明院

郵 便 は が き

料金受取人払郵便

小石川局承認

1105

差出有効期間
2024年 6 月27
日まで

切手をはらずに
お出しください

1 1 2-8 7 3 1

東京都文京区音羽二丁目
十二番二十一号

講談社エディトリアル 行

ご住所	□□□-□□□□		
(フリガナ) お名前		男・女	歳
ご職業	1. 会社員 2. 会社役員 3. 公務員 4. 商工自営 5. 飲食業 6. 農林漁業 7. 教職員 8. 学生 9. 自由業 10. 主婦 11. その他（ ）		
お買い上げの書店名	市 区 町		書店

このアンケートのお答えを、小社の広告などに使用させていただく場合がありますが、よろしいでしょうか？ いずれかに○をおつけください。

【 可 不可 匿名なら可 】

＊ご記入いただいた個人情報は、上記の目的以外には使用いたしません。

TY 000015-2205

愛読者カード

今後の出版企画の参考にいたしたく、ご記入のうえご投函くださいますようお願いいたします。

本のタイトルをお書きください。

a 本書をどこでお知りになりましたか。

1. 新聞広告（朝、読、毎、日経、産経、他）　2. 書店で実物を見て
3. 雑誌（雑誌名　）　4. 人にすすめられて
5. 書評（媒体名　）　6. Web
7. その他（　）

b 本書をご購入いただいた動機をお聞かせください。

c 本書についてのご意見・ご感想をお聞かせください。

d 今後の書籍の出版で、どのような企画をお望みでしょうか。興味のあるテーマや著者についてお聞かせください。

ご協力ありがとうございました。

滋賀県南郷の洗堰の石が 75 石使われる。

静寂の中で光明を感じる

建物の中に入ると、主庭「波心庭」が目の前に明るく広がる。光明院という名前の通り、仏から射す光明を感じられる庭園。静寂の中、鳥のさえずりと樹々の葉が揺れる音しか聞こえない。昭和の名作庭家、重森三玲がこの庭を作ったのは1939年。市松模様で知られる東福寺の庭園と同じ頃だ。

庭園の背景に、雲のようにもくもくと立体的な、サツキとツツジの刈り込みがあり、お庭に動きを与えている。

「波心庭」。三尊石とそこから射す光明が石で表現されている。

月の光がふり注ぐ庭

庭園の名前の「波心」とは、「雲ハ嶺上ニ生ズルコトナク、月ハ波心ニ落ツルコト有リ」という禅語に由来する。意味は「山の嶺の上に雲が無ければ、月の光は波の上に落ちる」すなわち「煩悩が無ければ、月＝仏心はあなたの心を照らす」という意味。苔は陸地を表し、白砂が海をあらわす。ここには三尊石（中央の主石が仏、脇の二石が脇侍を表す石組）が3セットあり、どの部屋の中からでも眺められるよう設計されている。光の表現がこの庭の大切なテーマで、庭にちりばめられた石は、三尊石から放たれる光明を表現している。仏の光明が世をあまねく照らす景色は、見る者の心をホッとさせる。

円窓に切り取られた庭景。

こだわりの細部が仏の世界に導く

　庭園の背景にはサツキとツツジの大刈り込みがあり、立体的な刈り込みで雲を表している。その雲紋の上には重森三玲が設計した茶室「蘿月庵（らげつあん／非公開）」があり、満月を表している。雲の上に上ってきた月が三尊石を照らし、その光明が私達に向かって射す、という詩的で静かな世界が広がる。苔地の法面をよく見ると小石が据えられている。これは波しぶきを表現していて、重森の細部にこだわったデザインが見て取れる。想像力を持ってこの庭を眺めると、まるで仏の世界に迷いこんだような、美しい風景に出会える。

苔の洲浜の曲線が美しい。重森三玲は上空からのデザインも常に意識した。

自然の中に佇む三尊石が神々しい。

東福寺 光明院

こうみょういん：明徳 2 年（1391）創建。東福寺にある 25 の塔頭のひとつ。入り口に「雲嶺庭」があり、摩利支尊天の使いとされるイノシシの像も多くある。定期的に美術展覧会などのイベントも開催し、庭の美が、アートとコラボレーションすることも。

京都市東山区本町 15-809 アクセス● JR、京阪電車「東福寺」駅から徒歩約 10 分／市バス「東福寺」下車、徒歩約 10 分／京阪電車「鳥羽街道駅」から徒歩約 5 分　拝観● 7:00 ごろ〜日没まで、志納金 500 円

茶室「蘿月庵」（非公開）も重森三玲の設計。月をモチーフにしている。

3 組ある三尊石はそれぞれ薬師如来、阿弥陀如来、釈迦如来を表す。各部屋からの見え方も計算されている。

銀幕スターのスペクタクルな庭

大河内山荘

初夏の苔庭は、カエデの木の木漏れ日が眩しく光る。

苔庭に散る紅葉。気候が涼しく寒暖の差が大きな嵐山は、苔にも紅葉にも最適な環境。

生涯をかけた祈りの庭づくり

『丹下左膳』などのヒット作に主演した昭和の名俳優、大河内傳次郎（1898～1962）は、その名を銀幕の歴史だけでなく、名庭にも残した。百人一首で名高い嵯峨嵐山、小倉山の南面。庭と呼ぶには大きな山の敷地を庭師と共に切り拓き、30代から始まった庭づくりは、亡くなる64歳まで続けられた。出演料もほとんどを庭に費やしたそうで、その生涯は庭づくりに捧げられた。この庭には、傳次郎の創造性や高い精神性が反映されている。そして随所に、傳次郎の映画人としての美意識やエンターテインメント精神が窺えるのが、このお庭の魅力だ。

京都市街を一望にする「月香亭」からの眺望は、嵐山随一。

眺望も、足元も眼に楽しい

苔の景色が広がる、茶室「滴水庵」へのカエデの林の道は、映画のオープニングのようだ。飛び石が緩やかなカーブを描き、茶室へと誘う。これからどんな景色が広がるのか、ワクワクする。飛び石に合わせ、自然と歩みもゆっくりとなり、周囲の美しい苔やカエデへと視線が向く。飛び石をあえて敷地の真ん中に通さず、端に寄せていることで、大胆にトリミングされた構図が完成している。茶室から更に山道を登ると、嵐山の渓谷や大悲閣千光寺の展望が楽しめる。クライマックスは、京都市街を一望にする

傳次郎が庭の中心として建てた大乗閣。非公開だが、堂内には美しい花天井もあるそう。

延段の霰こぼしや瓦のデザインが凝っている。目地にむす苔が趣きを添える。

大河内山荘

おおこうちさんそう：福岡出身の俳優、大河内傳次郎のつくった山荘。約 6000 坪の広大な敷地から、嵐山や比叡山 、保津川ほか 、京都市内が 一望できる 。中門 、大乗閣 、持仏堂 、滴水庵は国登録有形文化財。大河内傳次郎の活躍ぶりを写真やパネル等で解説する資料館もある。

京都市右京区嵯峨小倉山田淵山町 8　TEL075-872-2233　アクセス●市バス「野々宮」下車、徒歩 10 分／嵐電嵐山本線「嵐山」駅下車、徒歩 15 分／ JR 嵯峨野線「嵯峨嵐山」駅下車、徒歩 15 分　入園● 9:00 ～ 17:00（最終入園 16:30） 一般・高校・大学生 1,000 円

「月香亭」からの眺望。仁和寺の五重塔や比叡山、京都タワーや桂川まで見ることができ、ここの庭がドラマチックに展開するよう計算されていることがわかる。ここからの降り道には霰こぼしや瓦の延段が続き、傳次郎が足元のデザインでも私達の眼を楽しませる工夫を施している。もてなし上手の人だったのだろうな、と思わせる。

傳次郎は熱心な仏教徒で、撮影の合間に、撮影所からも近いこの庭の持仏堂でお経を唱えていたそうだ。ここは映画の世界で培った美意識と、仏教の教えにある自然への思いが融合して完成した庭なのだ。

重森三玲の美意識を実感。石と苔の流線

大徳寺
瑞峯院

グラフィカルな砂紋と、蓬莱山の険しい山を思わせる石組が見事な「独坐庭」。

「独坐庭」の奥にある庭。苔の洲浜の曲線がとても美しい。

シンプルな構成の中に、異境の仙人の世界を見る

瑞峯院の方丈南庭「独坐庭」は、重森三玲の代表作の一つ。日本画を勉強し、西洋絵画のセンスも合わせ持つ重森が、キャリア最盛期の60年代に作庭した。乗りに乗った彼の比類なきデザイン力が、この庭にはあふれている。

蓬莱山と蓬莱島の半島を表す青石の石組と、荒波の大海を表現した深い砂紋、といういたってシンプルな構成だが、ひとつひとつの要素が際立っている。蓬莱山には、鋭角的な伊予青石をそそり立たせ、険しい山並みを表現している。また白砂は深さ10㎝程の線が引かれ、荒く波打った海の様子を印象づけている。たとえ仏教や庭園の知識がなくても、誰もがこの庭に、異境の仙人の世界を見ることができるだろう。

この庭には曲線が多く使われている。その曲線の美しさを際立たせているのは苔の存在だ。陸を表す苔地と海を表す白砂の対比が、苔を使うことでふわりと柔らかくなっている。そしてその曲線が、そのまま庭全体の砂紋の模様へと繋がっていく。荒波を表現していても、優しい印象を与えるこのデザインは、重森三玲が作品の中に描いた砂紋の中でも一、二を争う美しさだ。

一番大きな青石が蓬莱山。苔と白砂の境界線のカーブが柔らかく続く。

十字架のデザインを秘めた「閑眠庭」。7つの石をつなぐと十字架があらわれる。斜めに引かれた砂紋もユニーク。

隠されたキリシタンのシンボル

方丈の北庭「閑眠庭」も重森の発想力が際立つ。7つの石を配置し、それをつなぎ合わせると「十字架」に見えるという仕掛け。瑞峯院が九州のキリシタン大名、大友宗麟の菩提寺であることから、彼へのオマージュとなっている。十字架を表現する石は、庭に対して斜め方向に据えられている。それに合わせて砂紋のデザインも斜めに引かれていて、とてもユニークだ。禅寺でキリスト教のモチーフを庭に描いているのは、全国でここだけだろう。重森の発想力とデザイン力、そして

深い砂紋が大波を表す。波間にポツンと浮かぶ小島のような石。

作庭への揺るぎない自信をこの庭から感じる。茶室との境界の生け垣は、作庭当初ここになかった。苔地が茶室へと続くアプローチとして、庭に広がりを与えていたことだろう。

大徳寺 瑞峯院

ずいほういん：臨済宗大徳寺派の大本山、大徳寺の塔頭で、本堂は室町後期に建てられ、昭和 36 年（1961）に作庭された「独坐庭」という、昭和の庭とダイナミックな対比を見せている。大徳寺の中で、年中拝観できる塔頭のひとつ。

京都市北区紫野大徳寺 81　TEL 075-491-1454　アクセス●市バス「大徳寺前」下車、徒歩 5 分　拝観● 9：00 ～ 17：00 一般 400 円、小・中学生 300 円

画家の理想郷　石造美術と苔の調和

白沙村荘　橋本関雪記念館

庭に注いだ東洋文化の教養

橋本関雪（1883〜1945）は、大正・昭和期に活躍した画家。伝統的な日本美術に新境地を拓いたが、中国には60回以上も赴くなど、その偉大な画業の根底には東洋文化の教養の深さがあった。

関雪は生前「庭を造ることも、画を描くことも、一如不二（同じこと）」と語っており、自ら設計した「白沙村荘」の建築と庭園には、

大画室、存古楼からの芙蓉池の景色。如意ヶ嶽を借景にし風雅な風情が、画家にインスピレーションを与えたかもしれない。

外は賑やかな銀閣寺参道だが、園内は深山幽谷の世界。

如意ヶ嶽、通称大文字山を借景とした、雅趣あふれるお庭。随所に石造美術が見える。

彼の美意識が隅々まで表現されている。庭園もまた、関雪の作品なのだ。

瑞月池に咲くアメリカ蓮。奥は茅葺きの四阿「如舫（にょほう）亭」。左は鎌倉時代の貴重な石造美術品、九重層塔。

苔の絨毯と石造美術品

広さ7400平方メートルの庭園の中心にある大画室「存古楼」は関雪が設計し、1919年に建てられたもの。高い天井に、ガラス窓を多く使った明るい室内で、関雪はここで屏風などの大作を多く手がけた。目の前には如意ヶ嶽（通称・大文字山）を借景にした芙蓉池の風景が、「真景」として造られている。病気の妻を励ますために建てられた茶室「倚翠亭（いすいてい）」の前にはアメリカ蓮が植えられており、花が咲く頃には極楽浄土のような美しい景色が広がる。西側庭園には関雪が中国か

白沙村荘 橋本関雪記念館

はしもとかんせつきねんかん：日本画家・橋本関雪の邸宅で、大正期から昭和初期に造営された。庭園には３つの画室、茶室、持仏堂がある。秋は紅葉が美しい。美術館では、企画により橋本関雪の作品、資料、収集品などを公開展示。展望テラスからお庭と東山の景観がのぞめる。

京都市左京区浄土寺石橋町 37　TEL075-751-0446　10：00〜17：00　アクセス●市バス「銀閣寺道」下車、徒歩５分　入館●一般 1300 円　http://www.hakusasonso.jp/

ら持ち帰った白松や、春にはベニシダレザクラ、秋は紅葉が色を添える。

比叡山の山懐の湿潤な土地なので、庭では苔むした道や苔の絨毯を楽しめる。また、鎌倉時代の層塔や宝篋印塔（ほうきょういんとう）、灯籠や石幢など、貴重な石造美術品が多く据えられているのも見どころだ。関雪はひとつひとつの石造美術品を自ら吟味し、庭園に配置していった。100年先の景色を想像し、庭園を作った関雪は、素晴らしいランドスケープデザイナーでもあったのだ。この庭を、美術館の2階にある大きな窓から、あたかも自然の山水屏風のように鑑賞できる。典雅なる絶景に心を遊ばせたい。

重森三玲の卓越したセンス

重森三玲は、昭和期に活躍した作庭家・日本庭園史の研究家。東福寺方丈庭園、光明院庭園、瑞峯院庭園、松尾大社庭園など、近代を代表する庭を作った。明治29年(1896)、岡山県に生まれ、日本美術学校、東洋大学文学部に学んで、画家を志して上京するも、志なかばで京都へ移り住み、日本庭園を独学で学んだ。昭和11年(1936)からは、全国の名庭・古庭園を実測調査し、日本庭園史の研究家の先駆となっている。

重森のデザインセンスは、東福寺の庭から明らかだった。グラフィカルな砂紋のパターン、角度によって見え方が変わる立体的な構成、苔庭を色彩のアクセントとして使いこなす手法は、それまでの「自然らしく」作られた庭とは違って具象的。たとえば東福寺の庭では、北斗七星を石であらわした。生粋の庭師には発想できない大胆さだ。近代の庭に時代の変化をもたらした重森の庭は、見た目がシンプルゆえに模倣も多く現れたが、うまくいったものばかりではなかった。重森には、日本画家を志したこと、そして測量という実地体験とともに庭園を研究した土台があった。だからこそ、彼の作った庭は、飽きられることなく今も愛されているのではないだろうか。

東福寺

第2章 苔を見る

京都苔庭コレクション3
フォトジェニックな苔庭

思わず写真に撮りたくなる。モダンな庭、映える庭

泉涌く「御寺《みてら》」に生まれた元気な苔の庭

泉涌寺 法音院

ご住職の愛情を受けて、美しい苔が広がった。

庭には、いろいろな苔が自生している。混生することで、より苔の勢いが増す。

樋口隆三氏による三尊石の石組。この庭に据えられてから石に苔が生えた。

皇室ゆかりの静かな寺

市街地に接していながら、深い木立に覆われて深山幽谷の気配が漂う泉涌寺。皇室との深いゆかりから「御寺」と尊称されている。「泉涌く」という名は、鎌倉初期、月輪大師(がちりんだいし)によって伽藍が造営されたとき、境内に泉が涌き出たことに因んでいる。泉が今も涌きつづける「泉涌寺水屋形」は京都府の重要文化財に指定されている。

その泉涌寺の塔頭である「法音院」は、鎌倉時代末の嘉暦元年(1326)に創建された寺院。普段は非公開の寺院で、静かな空気が流れている。

写仏体験ができる室内からは、庭の景色が生きた屛風のように広がる。

ご住職の愛情が苔を美しく育む

ご縁をいただいてこちらの庭園を改修させていただくことになり、樋口造園さんの施工とご協力の下、2023年3月に完成した。もともと苔の美しい庭で、スギゴケ、シノブゴケ、ヤマゴケなどが生えていた。「書院から眺められ、四季の自然を楽しめる庭に」というご住職と奥様のご要望があり、植栽を整えて庭全体を明るくし、桜やカエデも新しく植えた。飛び石も据え直し、庭をゆっくり歩けるようにした。

お庭の中心にある三尊石は、もう何百年もここにあるかのように苔むしているが、樋口造園の六代目、樋口隆

お茶室あとに建てられた東屋「甘心亭」。茶室にあった丸窓をデザインに取り入れた。

泉涌寺 法音院

ほうおんいん：本尊は「不空羂索観音」。本堂は英照皇太后（孝明天皇皇后）の御須屋を下賜された建物。書院は伏見城の遺構。本堂内、庭園の拝観は、期間限定（要予約・有料）。写仏体験をすると、お庭の見える部屋で写仏でき、本堂でお参りができる。

京都市東山区泉涌寺山内町30 TEL075-551-0961 アクセス●市バス「泉涌寺道」下車徒歩約12分 拝観●写仏体験（要予約、お茶とお菓子付き2000円）参加者、限定公開時のみ。10：00～16：30（受付終了15：30）http://www.houonin.com

三氏に新たに組んでいただいた。雄壮で美しい石組は、景色と馴染み、空間を引き締めている。苔庭の間を抜ける飛び石には赤い紅加茂石（べにかもいし）、枯池にかかる石橋は伊予青石を使い、石の色や形にバリエーションをつけている。

庭はご住職によって「天元ノ庭」と名付けられた。天元とは「万物の命が栄える根源、天の元気」という意味で、この庭の植物から元気を貰って欲しいという願いが込められている。ご住職は毎日朝夕に苔や樹々、植物に水をあげ、奥様と庭を散歩されている。愛情を受けると苔はますます美しくなり、ますます良い庭になることが、ここの庭を見るとよくわかる。

尼門跡寺院の庭に、苔とたおやかな山野草

慈受院門跡

「慈しみの庭」。御神木のクスノキの木漏れ日が苔を生き生きと育む。

玄関を入ると2つの窓「火灯窓」と「目覚めの窓」が目に入る。火灯窓で自分の心に火を灯し、目覚めの窓で心の目を開く。

高貴な女性たちが守ってきた静寂の美

創建の正長元年（1428）以来、宮家、摂関家から女性が門主をつとめた由緒ある尼門跡寺院、慈受院は、別名「薄雲御所」とも呼ばれる。京都の大通り、堀川通に面しているにもかかわらず、門をくぐると静かな空気が流れる。高貴な女性たちが守ってきた静寂と美の空間を、令和4年から年2回、特別公開で拝観できることになった。

本堂前の「慈しみの庭」には、御神木の樹齢800年のクスノキの下に、スギゴケが密生する見事な苔庭が広がる。クスノキの枝葉の広がりが、適度な採光と潤いを与え、苔をやさしく育んでいる。苔は本堂の縁側から青い絨毯のようにゆったりと広がっている。奥には白蛇弁財天の祠があり、そこから流線形の白砂の川が流れる。これは弁財天の使いである白蛇を表していて、この白蛇が慈受院を守っているといわれる。

一年中何かしらの花が咲く「山野草の庭」。

秀吉が腰かけた「出世石」

クスノキの真横にある椅子のような石は「出世石」と呼ばれ、豊臣秀吉がここに座って瞑想をしたと言われている。庭の左で風格を見せるのは、「加藤清正の松」の二代目。清正が朝鮮から持ち帰った松ぼっくりを秀吉に献上し、秀吉が慈受院におさめた。書院に面した庭「山野草の庭」は、春にはササユリ、ギボウシ、夏はリンドウ、秋にはシュウメイギクやツワブキなど、可憐な山野草がとりどりに植えられ、尼門跡寺院らしいたおやかさ。この寺院が受け継ぐ生花の流派「草花・薄雲御所流」は、野の花

慈受院門跡

じじゅいん：臨済宗の尼門跡寺院、山号は広徳山。建立は1428年にさかのぼり、足利四代将軍義持の正室日野栄子（慈受院浄賢竹庭尼大禅師）が、天皇家の菩提を弔うため建立したと伝えられる。宮家、摂関家から代々住持し、薄雲御所、烏丸御所、竹之御所と呼ばれてきた。

京都市上京区堀川寺之内上ル百々町540　アクセス●市バス「堀川寺ノ内」下車、徒歩2分　拝観●年に2回特別公開。スケジュールはHPを参照。https://jijuin.jp

御神木のクスノキは樹齢800年。

白蛇弁財天を祀る祠へ続く白砂の川は白蛇に見立てている。この寺の門主は、一生に一度、白蛇弁財天の化身に出会うという。

だけを花材として使うので、庭に野の花が多く植えられる。御前様の女性らしい感性が、庭の隅々にまで溢れている。

高野川と繋がっている池には、鯉に交じって川魚が入り込むこともあるそう。

苔の名所の湿潤な空気に包まれて「再生」の滞在

moksa

茶室前の露地にはシッポゴケが生えている。

平安貴族も癒やしを求めた地

京都の東北部にある地、八瀬は、古くは壬申の乱で負傷した大海人皇子が、蒸し風呂である「かま風呂」で傷を癒やした場所。その由緒を受け継ぎ、平安時代から貴族の保養地として親しまれてきた。ここに、60年前まで別荘として使われていた建物をリニューアルしてオープンしたのがホテル「moksa」。館内にアートを配した現代的でスタイリッシュなホテルだ。コンセプトの「rebirth＝生まれ変わり」は、この地に受け継がれた癒やしの伝統を再現する。この場所にもとからあった池泉回遊式の立派な庭園も継承された。

「Lounge 帰去来」で、庭を見ながらお茶を。

清々しい水音に一面のシッポゴケ

八瀬の山々を借景にした、カエデや桜の樹々に囲まれた庭園。澄んだ美しい池の水は高野川から引き入れられ、清々しい水音が響く。色とりどりの鯉が池の中を泳ぎ、日本庭園らしい雅な景色を楽しめる。ここは山からの冷涼な空気と川からの湿気で、苔の生育に理想的な環境。庭全体が美しい苔に彩られている。茶室へ向かう露地には、ふわふわのシッポゴケが生えている。これだけ見事なシッポゴケが一面に生える光景はとても貴重で、見ているだけで豊かな気持ちになる。

大きな窓から庭の池や、

苔むした利久型灯籠。

バスルームからお庭を望む、ジュニアスイートガーデンツインルーム。木立のざわめきが感じられる。

桜、カエデの景色を望むレストラン「MALA」では地元の食材や野草を使った薪火料理を。川沿いの部屋は川音が心地よく、滞在しながら八瀬の自然を満喫できる。都会の喧騒を離れた静かな場所で、食と庭園に浸りたい。

moksa

もくさ：名前は、サンスクリットで「解脱」の意味。レストラン、ステイともに、心身にやさしい配慮がある。館内にはアート作品が飾られ、かま風呂発祥の地にちなみ、サウナが３つある。

京都市左京区上高野東山 65　TEL075- 744-1001　アクセス● JR 京都駅からクルマで 40 分／叡山電鉄「八瀬比叡山口」駅から徒歩 7 分　チェックイン / アウト● 15:00/11:00　https://moksa.jp

モダンに再構築された庭園の美、主役は苔

ギャリア・二条城 京都

ロビーのテーブルに、庭の景色が反射し、美しい。

壁の庵治石の石垣が、向かいにある二条城の石垣と呼応する。

石、水、苔と樹木のクールな共鳴

ロビーに入ると、玄武岩のテーブルが鏡のように庭の緑を映し、あたかも室内に庭が切り取られたような景色が広がる。石や水、苔やカエデなどの自然の素材が現代的にデザインされ、洗練された景色になっている。

庭にも、リフレクションの効果が生かされている。苔むした庭と水盤、カエデだけに絞った植栽。木が水面に鏡のように映り込み、合わせ絵のような景色を生み出している。水盤のモダンなデザインは、伝統的な池泉の庭とはまったく違うクールな印象。ロビーの開口部に大きなスクリーンのように切り取られた景色は、「市中の山居」の現代版と言えるだろう。

ここの庭は、苔が特に美しい。その美しさを保つために、毎朝苔庭にミストが散布される。朝靄にけむるような苔庭はとても幻想的で、旅人の眼を楽しませるだけでなく、景観と機能性を巧みにマッチさせている。新しい空間で苔庭の景色を楽しんでほしい。

苔と竹林が楽しめるガーデンビューの部屋。

部屋から眺めるプライベートガーデン

もうひとつ、この場所を引き立てている要素が、石のテクスチャーだ。壁には庵治石（あじいし）が城壁のように組まれている。これは二条城の石垣を意識してデザインされたもの。室内から外へと連続し、目の前の二条城と繋がってゆく。水盤の底には所々に伊達冠石（だてかんむりいし）という茶色の石がはめ込まれている。江戸時代の元号の数と同じ35個あり、これも二条城、江戸幕府へのオマージュとなっている。

客室は、滞在する部屋によって、違った景色が楽しめ

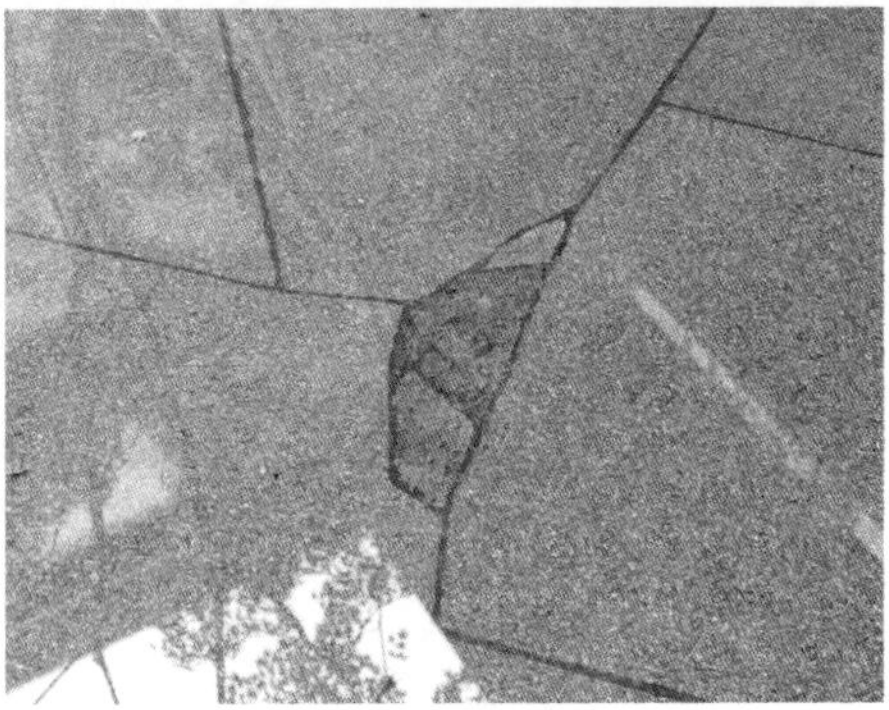

水盤の底には伊達冠石（だてかんむりいし）。
江戸時代の年号と同じ35個の石がはめ込まれている。

ギャリア・二条城 京都

ぎゃりあ・にじょうじょう　きょうと：世界遺産、二条城の南側にある、シンガポールを拠点とするホスピタリティグループ「パンヤン・グループ」のホテル。心と体のウェルビーイングに配慮した食と滞在をコンセプトに、日本の伝統工芸美が心を癒す。

京都市中京区市之町180-1　TEL075-366-5806　アクセス●地下鉄「二条城前」駅下車、徒歩2分　チェックイン／アウト●15：00/12：00　前日までに予約すれば、レストラン「Singular 眞蔵」でランチ・ディナー利用可。

るようになっている。スイートルームのテラスからは比叡山や東山、二条城の景色が広がる。竹林ガーデンルームからは、苔庭と竹林が楽しめて、ホッとリラックス出来る。モダンな空間で苔や竹、カエデに癒やされるのもまた良い。

露をはらんだ苔が瑠璃色に輝く

瑠璃光院

小さな小川が苔むした景色の中に流れる。

書院の2階、床にカエデの樹々が反射して美しい。

山の気に満ちた湿った空気

比叡山の麓、高野川の渓流が美しい八瀬。京都の市内から約10㎞という距離ながら山深い自然が満喫できる。山からの冷涼な空気や川からの湿気はこの地に潤いを与え、市中とは異なる景色を描き出す。この苔に適した環境の中に、瑠璃光院はひっそりと建つ。明治時代、この場所には公家出身の政治家・三条実美が「喜鶴亭（きかくてい）」と名付けた別荘があった。その後京福電鉄の創設に尽力した田中源太郎が別荘を建て、それが瑠璃光院へと引き継がれた。

「臥龍の庭」。スギゴケとシノブゴケが川の流れに潤いを添える。

何種類もの苔が瑠璃色に輝く

主庭「瑠璃の庭」の苔が露を含んで瑠璃色に輝き、まるで瑠璃色の浄土のように見えるので「瑠璃光院」という名前が付いた。この庭はもともと白砂だったが、先代のご住職が苔を植え始め、現在のような苔庭へと変貌する。自然の恵みと、ここを受け継いだご住職の庭への想いによって、瑠璃浄土の世界となった。書院2階の漆塗りの机に、カエデの新緑と紅葉が鏡のように映り込む景色は、息を呑むほど美しい。

「臥龍の庭」は、池の岸辺の大きな岩を龍の頭に、川の流れを屋敷を取り巻く巨大

吉野窓。数寄屋造りの美しい空間。

「山露地の庭」のアセビのトンネル。

瑠璃光院

るりこういん：岐阜市に本坊を置く「浄土真宗無量寿山光明寺」の支院。1万2000坪の敷地に数寄屋造りの建物と日本庭園を有する、山荘風の佇まい。通常は非公開だが、年に数回の特別公開時には、拝観と写経体験ができる。

京都市左京区上高野東山55　アクセス●叡山電車叡山本線「八瀬比叡山口」駅徒歩12分／京都バス「八瀬駅前」下車、徒歩約10分　拝観●春季・夏季・秋季に特別拝観
https://rurikoin.komyoji.com/

黒光りする八瀬真黒石の大石から山水が流れる。

な龍の姿に見立てている。水の神様でもある龍が、その身を臥せてこの地を護らんとする姿が、庭の中に浮かび上がる。

入り口の門を通り、アセビのトンネルをぬける山道は「山露地の庭」と呼ばれる。清らかな空気が満ちたこの場所には、コツボゴケという珍しい苔が生えている。コツボゴケは、苔の生育に最適な場所でしか見られないと言われる。他にもシダの葉のような形をしたシノブゴケや、スギゴケ、ヒノキゴケなど何種類もの苔を見ることが出来る。瑠璃光院の庭を見ていると、浄土の世界には美しい苔がたくさんあるのだろうな、と想像してしまう。

映える撮り方

美しい苔庭を思い出に残したり、メールやSNSで友達におすそ分けしたい。ちょっとしたコツで、「キレイ!」とうならせる一枚に。

お花や葉っぱと

苔の緑を映えさせる、花や紅葉の彩りを生かして。

水を借景にして

moksa

苔の瑞々しさを強調するのが水景。水の輝きも添えて撮る。

石をアクセントに

白龍園

無機質な石に苔の生々とした表情が良いコントラストになる。

額縁アングル

光明院

窓や、襖の開口部を狙って、額の絵のように庭を捉える。

第3章
苔を学ぶ

苔を語る十章

苔が教えてくれる、もっと深い世界へ

人と地球に優しい苔の美は、今やユニバーサル

「西洋の庭では、苔は邪魔者扱い、苔の美をわかるのは日本人だけ」。そんなふうに東西の苔意識の違いが語られることがある。その認識は、現代では少々変わってきている。

西洋の庭のグリーンといえば芝だが、この芝が環境汚染の元凶として、近年ちょっと冷たい目を向けられている。アメリカの世帯の8割は庭に芝を植えていて、アメリカ全土で1100万ヘクタールの芝生の庭があると言われる。この芝の手入れには、肥料、殺虫剤、除草剤が欠かせない。トリミングのための芝刈り機はガソリンを消費し、二酸化炭素を排出する。なんと、アメリカで放出される大気汚染物質の5%は芝刈り機から出ていると言われ、ガソリン式の芝刈り機は、車の10倍の炭化水素を放出しているのだ。さらに、芝は1週間に1㎡あたり25～50リットルもの

大量の水を必要とする。水は、芝に散布されている薬品と共に土壌に浸透し、地下水を汚染する。

この「ガーデニングによる環境負荷」は、今や見過ごせない問題。そこで静かな注目を浴びるのが苔だ。苔庭づくりには、農薬や殺虫剤、除草剤や肥料はいらない。騒音と二酸化炭素を出す芝刈り機も不要。必要なのは、こまめに人力で枯れ葉や雑草を除去する手入れ。しかも、そうやって苔を増やすことによって、苔自身が、環境にポジティブな働きをすることもわかっている。地面をクッションのように覆う苔には、保水効果があり、雨水を濾過して有害な化学物質や二酸化炭素を吸収する。

苔の周りには虫やカエルなどの両生類も生息する。虫たちは苔を食べることはなく、苔から潤いのある環境を得て、人と緑と生き物が、平和に共存できる生態系が生まれる。

人生の大切なことは、苔から学ぶ！
苔の5つの生存戦略

進化の過程で、環境に順応する能力を磨いてきた苔は、実はしたたかな生存戦略の持ち主。その処世の術を学ぶ。

1 転ばぬ先の、潤い貯金

土から水を吸い上げる根を持たない苔は、体の表面から湿気や日の光を直接取り込む。水と光のある、生きやすい場所を察知する感覚を日々、磨き、自慢の保水力で水分を「貯金」。変動する環境への備えを怠らない。

2 しんどい時は、死んだふり

苔は乾燥すると呼吸も光合成もストップさせて休眠する。そして再び水分が得られるまで、何カ月も「死んだふり」で過ごす。生きてゆくのが苦しい時は、無理しない。

3 支え合って生きる

クッションのように固まって生えている苔は、個体を密着させて水気を保持し、集団でお互いを守る。ひとつの苔がついたあと、そこを足がかりに別のコケがやってきて共生するという現象も見られる。こうして生きやすい環境を次代につなげる。

4 あの手この手で増える

苔は、雄雌間で受精し、胞子を飛ばして増える他に、クローン（無性芽）で増える種類もある。よりよい環境を求めて、あの手この手で子孫を増やす。

5 気温変化、外敵に備える成分で武装

苔は、体内にフェノール性化合物という化学物質を持っている。この物質は耐寒物質で、苔は氷点下の気温にも乾燥にも耐える。しかも、このフェノール性化合物は動物や虫が嫌がる味をしているため、動物から食べられることも避けられる。

苔が持つ「潤う力」が森も、都市も救う?

苔庭や森に足を踏み入れると、ミストシャワーに入ったような心地よい潤いを感じる。肌で感じられるしっとりとした空気は、苔が雨水から大量の水分を吸収し、森の加湿器のような役割をしているから。八ヶ岳の亜高山帯での調査によると、苔は1回の降水で、1㎡あたり2・5リットルもの水を蓄え、しかも降った水をすぐには蒸発させず、保水する。苔は水だけでなく森の栄養素を保持し、ミネラルを循環させる。木から落ちた種も、苔はそのしっとりとしたクッションで受け止め、乾燥から守って生育を助けている。

この、自重の約20倍もの水を保つことができる苔の最大の強み「潤い」を、都市緑化に役立てる試みもある。苔をシートやボードの形で屋根や壁に設置することで、空調のエネルギー消費の抑制効果に役立てようとするのが、苔緑化というアイデア。近年、問題になっている気温上昇やヒートアイランド現象の緩和が、苔に期待されているのだ。苔による屋上緑化システムの測定実験では、焼け込み防止・照り返し防止効果も確認されている。

すでに街なかで、この苔緑化の実用化を目にすることもある。土壌も肥料も要らず、手入れも簡単。雨水だけで生育できるコケの強みが生かされた、未来の環境建材として定着するか。期待が高まる。

駐車場のフェンスに使われた、苔の緑化シート。

CO_2を吸収し、ウイスキーを香らせる〝燃える苔〟ピート

「潤い」のシンボルである苔だが、意外なことに、燃料にもなる。石炭の一種「泥炭＝ピート」は、寒い地方の湿原に堆積したミズゴケが何千、何万という年月を経て化石化したものだ。一見、普通の泥のように見えるが、これが〝燃える苔〟。北欧やロシアでは、ピートは現在でも火力発電の燃料として使われている。日本でも北海道を中心にピートが蓄積した地域があり、第二次世界大戦後のエネルギーの乏しい時期に、貴重な燃料として使用されていた。

ピートが燃えることで発する香りは、スコッチウイスキーの香りをつけるためにも用いられる。スコットランドのアイラ島は、島の約4分の1がピートで覆われていて、ここでつくられるモルトウィスキーは、強いピート香が特徴。その

香りは、潮の香りとねばっこく重いタール臭。このクセの強さにハマる人も多い。イギリスのチャールズ国王もアイラモルトのファンだという。

ミズゴケが生育する泥炭地には、何千年分もの二酸化炭素が蓄積されている。ミズゴケの炭素蓄積能力の高さの理由は、分解の遅さ。水浸しで温度が低い湿地では酸素が少なく、苔が微生物によって分解されにくい。そしてミズゴケの繊維はペースト状の泥炭になって、CO_2を抱え込む。世界の陸地の3％はミズゴケ湿原で、ここに蓄積されている炭素の量は、現在の大気中の二酸化炭素に含まれる炭素量と同じだと見積もられている。泥となった苔は燃料となり、地球の大気のCO_2削減にも役立っている。

薬にも、衛生用品にもなる。苔の意外な「お役立ち」ぶり

食用になる藻とは違って、苔はもっぱら観賞用というイメージがある。しかし、実はさまざまな用途に活用されてきた。たとえばミズゴケ類には、乾燥した状態の体積の20倍もの水を吸収し保湿できる性質があり、これを利用して、園芸用品として鉢植えの保水剤に使われている。ちなみに、肥料として使われる「ピートモス」は、苔が蓄積してできた泥炭、ピートだ。

乾燥させたミズゴケ類は、保水力に加え、抗菌性もあることから、衛生製品としても使われてきた。アイヌ民族の間では、おしめや生理用品としてミズゴケ類が使われてきた伝統があり、第一次世界大戦時には、ドイツ、イギリス軍が、脱脂面、海綿のように用いていた。ミズゴケを患部の保護に使うと、傷の治りも早かったといわれている。

苔は薬にもなる。ハーブ療法愛好家たちに「体にいい苔」として知られているのが、アイスランドモス。苔ではなく地衣類に属するが、北欧の人々にとっては昔ながらの自然薬で、抗菌作用や免疫作用が報告されているため、アイスランドモス入りのサプリメントや歯磨きペーストが商品化されている。

中国の漢方でも、薬として利用されている苔があり、日本でも、これまで1000種類以上の苔を調査した結果、がん細胞やインフルエンザウィルスを抑制する天然化合物が見つかったという発表もある。眼と心を癒やすだけでない、身体を治す、苔の医学利用が研究中だ。

海外の苔庭は、東洋の自然観と文化を伝えるアンバサダー

海外にも苔庭は数多くある。多くが日本人あるいは日本と関係の深い造園家によって設計され、日本との文化交流のシンボルとなっている。

アメリカで発行されている日本庭園の専門雑誌『ジャーナル・オブ・ジャパニーズ・ガーデニング』誌が選ぶ日本庭園ランキングの北米部門で、毎回上位に選出されているのが、「ポートランド日本庭園」。１９６７年に開園し、現地の湿度の高さが、美しい苔庭を育んでいる。

サンフランシスコにあるゴールデン・ゲート・パークの一画、「ジャパニーズ・ティー・ガーデン」は、１８９４年のカリフォルニア万博のさいにつくられたアメリカ最古の日本庭園。お

よそ2ヘクタールの広大な園内には、五重塔や石庭が据えられ、錦鯉が泳ぐ池のほとりには、苔が自生している。

ワシントンDCの南、ノースカロライナ州ダーラム市のデューク大学キャンパスにある「デュークガーデン」内には、1894年に東洋植物園が設立され、地域住民から寄せられた苔も使って、苔をモチーフとした庭づくりが続けられている。石造美術品が苔むす姿も楽しめる。

ユニークなのがイタリアの苔庭。イタリアには、ルネサンス期につくられた庭園が多く、そこでは湧水があふれる景色がデザインに生かされた。イタリア人にとって苔やシダが生えている景色は親しみのあるもののようだ。

イタリア、ナポリのガゼルタ宮殿。苔むした庭園がみずみずしい。

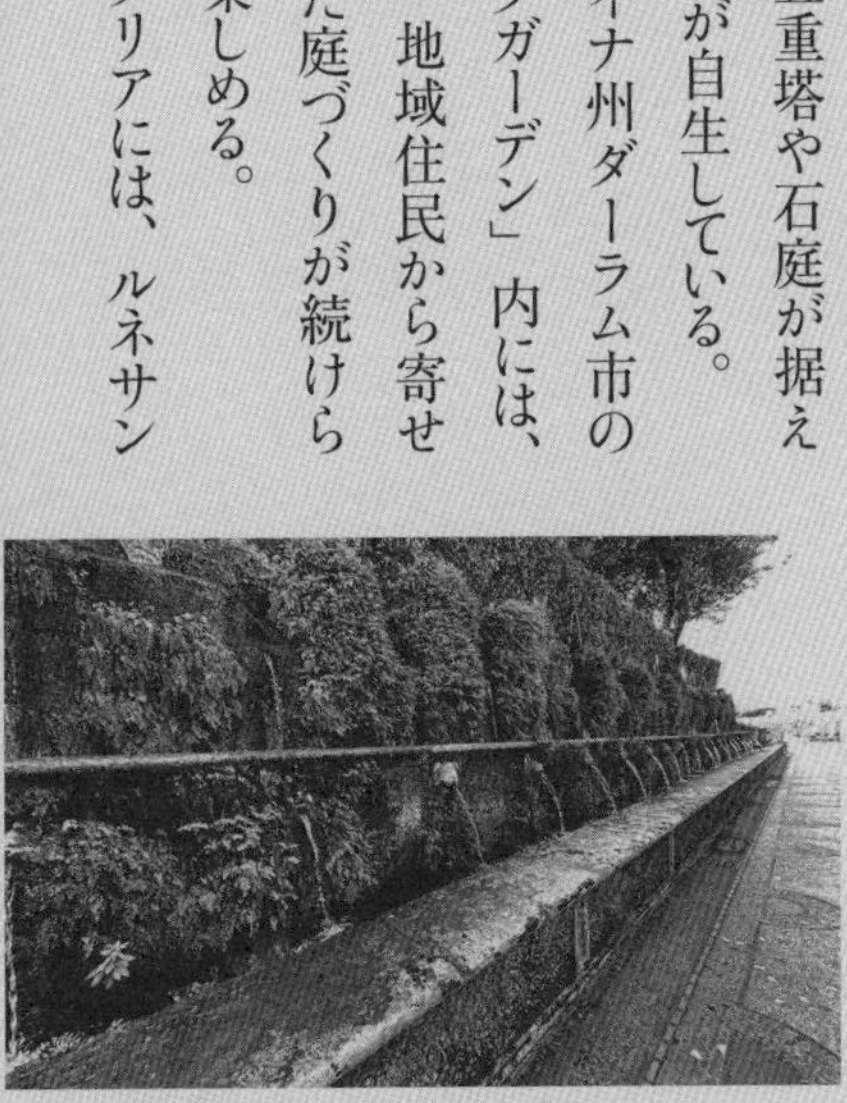
ローマ郊外のエステ家の庭園。噴水がふんだんに使われていて、苔も美しい。

時間の流れとわびしさを雄弁に伝える、和歌の中の苔

日本の国歌「君が代」の歌詞の原形は、10世紀初頭に日本で最初に編まれた勅撰和歌集、『古今和歌集』にある和歌。それだけでなく、苔は昔から和歌に詠まれてきた。

最古の和歌集である『万葉集』には、苔を詠んだ和歌が11首ある。そのうちの10首で「苔むす」という表現があり、「君が代」同様、苔が悠久の時間を想像させるモチーフとして使われている。それと同時に、苔は侘びた情感や死生観の表現としても、用いられている。

和歌の中にある「苔の衣」、「苔の庵」は、粗末な衣の清貧の僧、隠者が暮らす小屋をあらわした言葉。そして「苔の下」という言葉には、苔が生え放題のうら寂しい墓所と、そこにひっそりと眠る死者の魂を表現している。

『万葉集』のなかの一首、河辺宮人（かはべのみやひと）が

姫島の松原に少女のなきがらを見て詠んだ一首は、とりわけしめやかだ。

妹が名は千代に流れむ姫島の
子松が末（うれ）に蘿（こけ）むすまでに

現代語訳は「おとめの名は千代に語り伝えられるだろう。この姫島の子松がやがて苔むす老樹となるまで」。『万葉集』が編まれた昔は、旅人や病人が道で行き倒れるということが珍しくなかった。河辺は旅の途中、姫島という地で女性の死を目の当たりにして、彼女の魂を慰めるためにこの歌を詠んだ。苔から想起される永遠と死のイメージとが、鎮魂の歌に深みを与えている。

苔好きならば、おすすめは苔玉よりも、苔テラリウム

誰にでもつくれる、簡単なつくり方

一時期、流行した苔玉は、苔を樹木の保水材として利用したものだが、人工的な仕立てからは、苔本来のふっさり生き生きした佇まいは感じられにくい。

インテリアとして楽しみながら、苔を生育させる方法にテラリウムがある。

用意する道具は、透明なガラス容器や水槽と、ボタニカルソイル、石・砂利・砂、そして苔。苔はテラリウムグッズのネット販売などで買うことができる。

ピンセットを使って、石などを配置し数種の苔と、シダやシノブをアレンジして、苔景色をつくる。

置く場所は「明るい日陰」、といわれているが、窓辺や、直射日光が熱を持つような場所は適さない。苔の生育と、

鑑賞の際のスポットライトとしても楽しめるLEDライトを使うのがおすすめだ。テラリウム専用のライトも販売されている。

テラリウムに最も大切なのは湿気で、数日に一度は霧吹きやスポイトで水を与える。繊細な苔は水質にも過敏に反応するので、調子が悪い時は、水道水よりも薬局に売っている精製水を使うといい。上手に手入れすれば数年以上にわたって、室内に育つ「小さな苔庭」を楽しむことができる。

美しき苔庭を生み出したプレイヤー庭師と施主たち

何百年という長い歴史を経て、今なお美しい。そんな苔庭を見るたびに、「これを作ったのは誰だろう?」という思いがよぎる。お庭作りを指示した時の権力者の名は残されるが、実際に石を動かし、木を植えた職人たちの名はほとんど知られていない。多くの名庭が作られたのは、造園家が個人作家として扱われ、名が残る現代よりもっと前の時代のことだ。

中世には芸能や工芸などの職人仕事に従事した「山水(せんずい)河原者」と呼ばれる賤民がいて、室町時代末期には、作庭に特化した技術を持つ者も現れた。そんな中から、将軍家や有力な社寺の庭を手がけた善阿弥、賢庭といった、後世に名を残す造園職人が現れた。これが庭師のルーツだとされている。お庭の石組や石垣づくりの根本には、陰陽思想があるが、呪術や民間信仰に通じていた河原者たちが、そこで大きな役割を担っていたと言われている。

施主がいて、それを形にする職人がいて、初めて姿になるのが庭。現在にまで古い庭の美しさを受け継いでいるのが、庭師さんたちだ。

苔庭での庭師さんたちの仕事のほとんどは、手作業での掃除。落ち葉やゴミなどが苔の上に落ちると、そこが陰になって、苔の色が薄れてしまう。雑草も大敵だ。苔庭を鑑賞中、苔を傷つけないように、底の柔らかな地下足袋をはいて、黙々と作業する庭師さんの姿を見ることがあるかもしれない。苔庭の美しさはこうして守られているのだ。

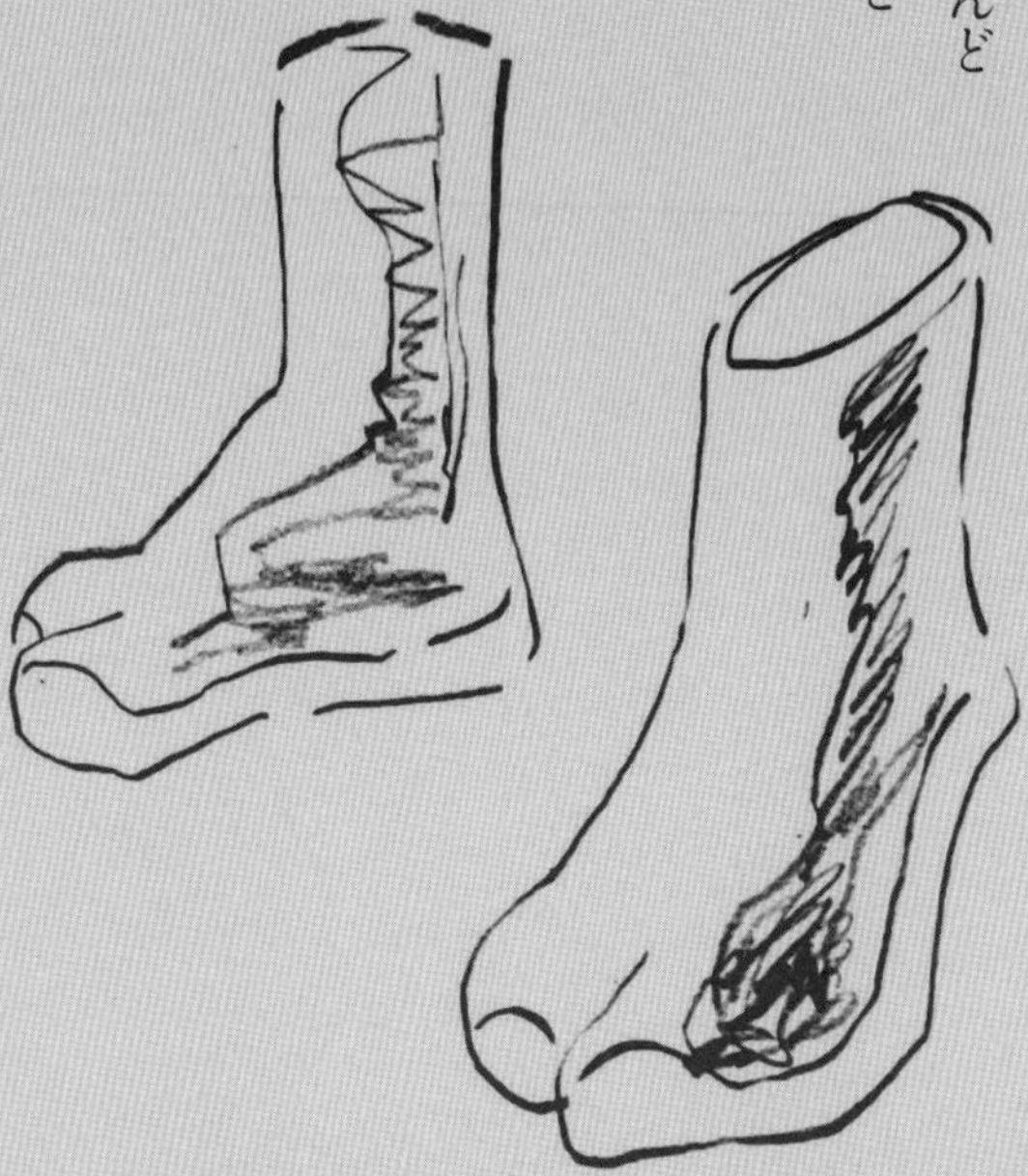

essay

わたしが作って、見て、触れて来た世界の苔文化。

日本人にとって、苔は特別な植物だ。苔は長い時間をかけて、ゆっくりと育っていく。苔むす景色は、時間の経過を感じさせる。「千代に八千代に…苔のむすまで」という歌にも、苔を通して長い時間を感じる日本人の価値観や美意識が表現されている。美しい苔を見ると私達は、長い時間をかけてその状態になったことを、瞬時に理解する。苔が時間の経過を表し、また美しさの基準にもなっているのは日本だけだろう。

「苔に水を与えないでください」

2017年の3月、ニューヨークのグランドセントラル駅で日本庭園をつくる仕事を依頼された。「ジャパンウィーク」という日本の観光庁のイベントのため、その会場であるグランドセントラルで枯山水庭園をつくるというものだった。庭師さんと庭のデザインをするにあたり「白砂と石だけの庭にするのではなく、苔も日本庭園の大切な要素の一つなので苔を使った庭を作ろう!」ということで、庭師さん達とアメリカの苔探しが始まった。運良くペンシルベニア州の苔の会社が見つかり、そこから苔を送ってもらった。段ボールの箱を開けると、そこには乾燥したオキナシラガゴケがそのまま詰め込

ニューヨークグランドセントラル駅に作った日本庭園。

まれた状態で入っていた。日本ではトレーに並べられた状態で届くので、大胆な送り方にびっくり。そして取扱説明書には「3月のこの時期は絶対苔に水を与えないでください」と書いてある。苔に水を与えないというのは日本ではあり得ないことなので半信半疑だったが、郷に入れば郷に従え。水を与えず1週間経過を見た結果、苔は緑の色を綺麗に保ったままだった。そしてその苔のお陰で、白砂だけでは表現できない、柔らかな日本の自然の景色を作ることができた。イベントは大成功し、たくさんのニューヨーカーが庭を見に集まった。庭の前で庭園の絵を描く人、読書をする人、子供とのんびりと過ごす人、たくさんの人たちが苔の景色に癒やされていた。グランドセントラルの大理石の空間に、苔が自然に馴染んでいた。

ニューヨークで手にした、アメリカンな苔

2023年の夏、ニューヨークの街中に住むアメリカ人から、家の敷地に苔の庭を作ってほしいという依頼を受けた。そして再び苔探しの旅が始まった。今回は依頼人が所有するコネチカット州の森の中で、美しい苔を発見した。普段誰も入らない森の中を抜けると、光り輝くフワフワのシッポゴケが広がっていた。アメリカの苔は日本の

ものより緑の色が明るく、大きさもずっと大きかった。日本の湿潤な気候で育つ苔とはまた違ったアメリカンな苔。そんな苔をふんだんに使って、苔の庭は完成した。ニューヨークの街中に苔庭を作っても大丈夫か？という懸念はあった。しかし2017年の時に使った苔が乾燥に強かったという経験があったので、ミストの灌水システムも設置した上で苔庭に挑戦してみた。結果、苔はその場に馴染み、上手く環境に適応してくれた。雪が積もった後も変わらず元気なので、アメリカの苔のタフネスさに驚いた。苔はその土地の風土に適応して、たくましく生き抜くことを知った。

南半球で出会った、馴染み深い森の植物たち

オーストラリアのタスマニアを旅した時、友人に国立公園のハイキングに連れて行ってもらった。山の中を歩いていると、石や木が一面苔むした森にたどり着いた。そこはまさに『もののけ姫』のコダマが出てくるような世界で、美しい苔が広がっていた。日本でもよく見かけるスギゴケ、シノブゴケ、シッポゴケ、ミズゴケなどの苔が、タスマニアの森の中でみずみずしく広がっていた。そして西芳寺の庭の苔にも劣らないほど美しい。日本庭園でよく使われる苔が、南半球の環境が全く違う場所でも生き生きとし

ていて素晴らしかった。また、今まで全く見たことがない変わった形の苔もあり、タスマニアの自然が生み出す苔の多様性に感動した。

タスマニアの森の中の苔むした景色。

タスマニアの森の中で「ヒカゲノカズラ（日陰の葛）」を見つけた時もとても嬉しかった。ヒカゲノカズラはシダ植物で、日本では昔から馴染みのあるもの。日本の山の中で見ることができる。伝説では、天照大神が天岩戸に隠れた時、岩の前で踊ったアメノウズメノミコトが裸にヒカゲノカズラをまとったと言われる。どんどんと伸びて長く成長することから「不老長寿」「子孫繁栄」の植物と言われ、また茎を切って置いておいても緑色を失わないことから、不思議な力を持つ植物とされた。そのため古来、祭祀に使われたり、現代でも「蓬萊飾り」というお正月に飾る縁起物に使われる。日本だけの植物と思い込んでいたが、タスマニアのヒカゲノカズラは森の中でひっそりと成長していた。日本のものより少し小ぶりで、愛らしい姿。日本とタスマニアの植生が意外にも似ていることに驚き、またタスマニアの手つかずの自然の中で馴染みある植物に出会えることに感動した。

これからも広がってほしい、苔の世界

苔は世界中どこにでも生えている。しかしその苔を使い、庭園に自然の景色を取り込んだのは日本人だけだろう。それだけ日本人にとって苔は親しみのある、近しい存在だったのだ。最近では西芳寺が海外の観光客から大人気だったり、ニューヨーカーが苔の庭を欲しいと願う時代になり、苔の美しさや日本庭園の素晴らしさが世界に認められるようになった。美しい苔庭の世界が、どんどん広がっていくことを楽しみにしている。

全国苔庭インデックス

札幌市　佛願寺

北村安夫氏作庭の、苔を使った枯山水庭園。石も美しい。

松島町　円通院

小堀遠州の作と伝えられる庭がある。境内には一面の苔が広がる。

近江八幡市　教林坊

小堀遠州の作と言われる庭園。大石は苔むし、秋の紅葉も美しい。

津市　北畠氏館跡庭園

北畠氏の館に作られた室町時代の池泉式庭園。静かで美しい苔の庭が広がる。

周南市　漢陽寺

重森三玲が作庭した素晴らしい庭園がいくつもあり、苔と水の景色が楽しめる。

太宰府市　光明禅寺（非公開）

苔と楓、白砂と石の風景が広がる枯山水庭園。

鎌倉市　瑞泉寺

夢窓国師が開山した寺院。山の中にある自然に苔むした石の階段が美しい。

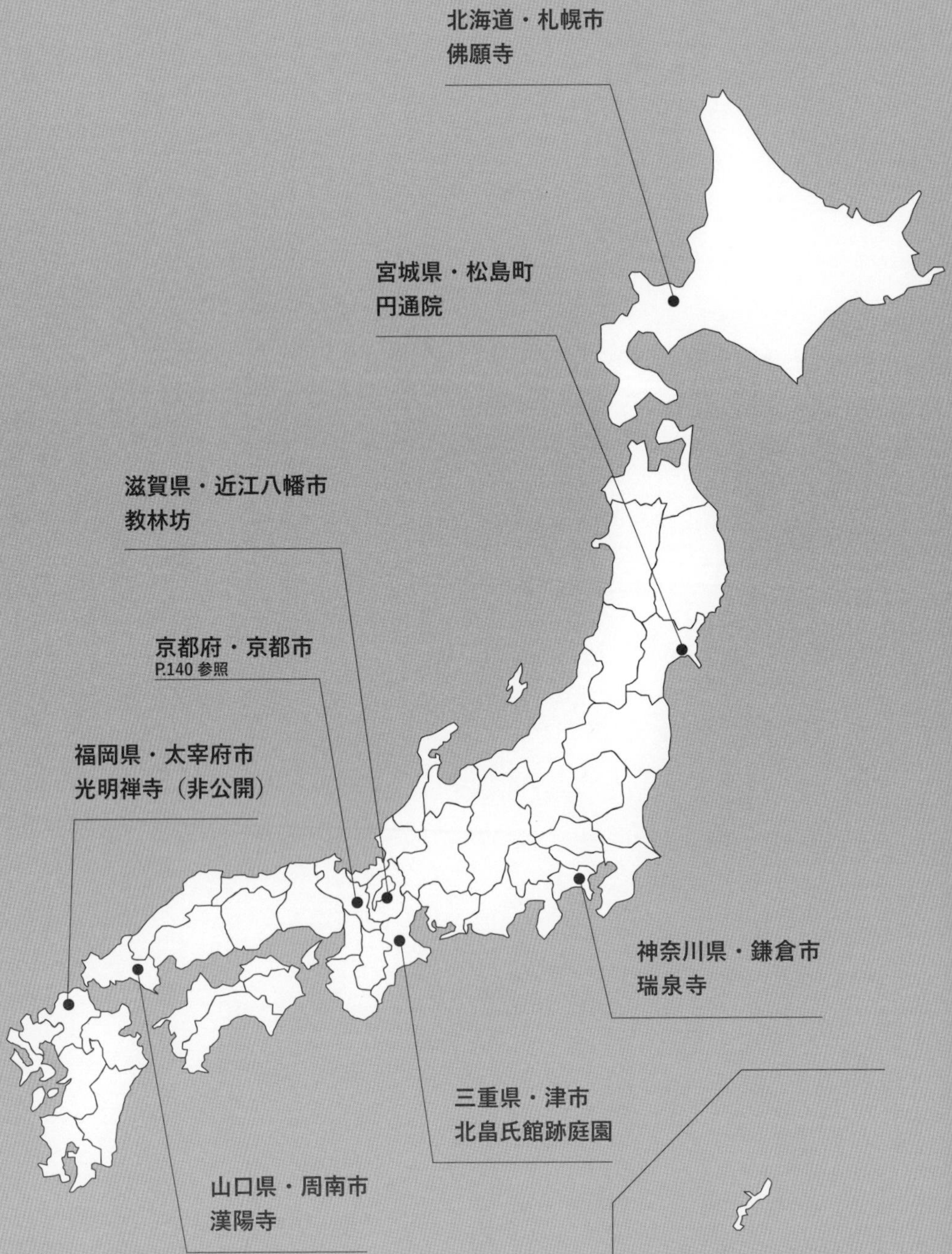
北海道・札幌市
佛願寺
宮城県・松島町
円通院
滋賀県・近江八幡市
教林坊
京都府・京都市
P.140 参照
福岡県・太宰府市
光明禅寺（非公開）
神奈川県・鎌倉市
瑞泉寺
三重県・津市
北畠氏館跡庭園
山口県・周南市
漢陽寺

京都苔庭インデックス

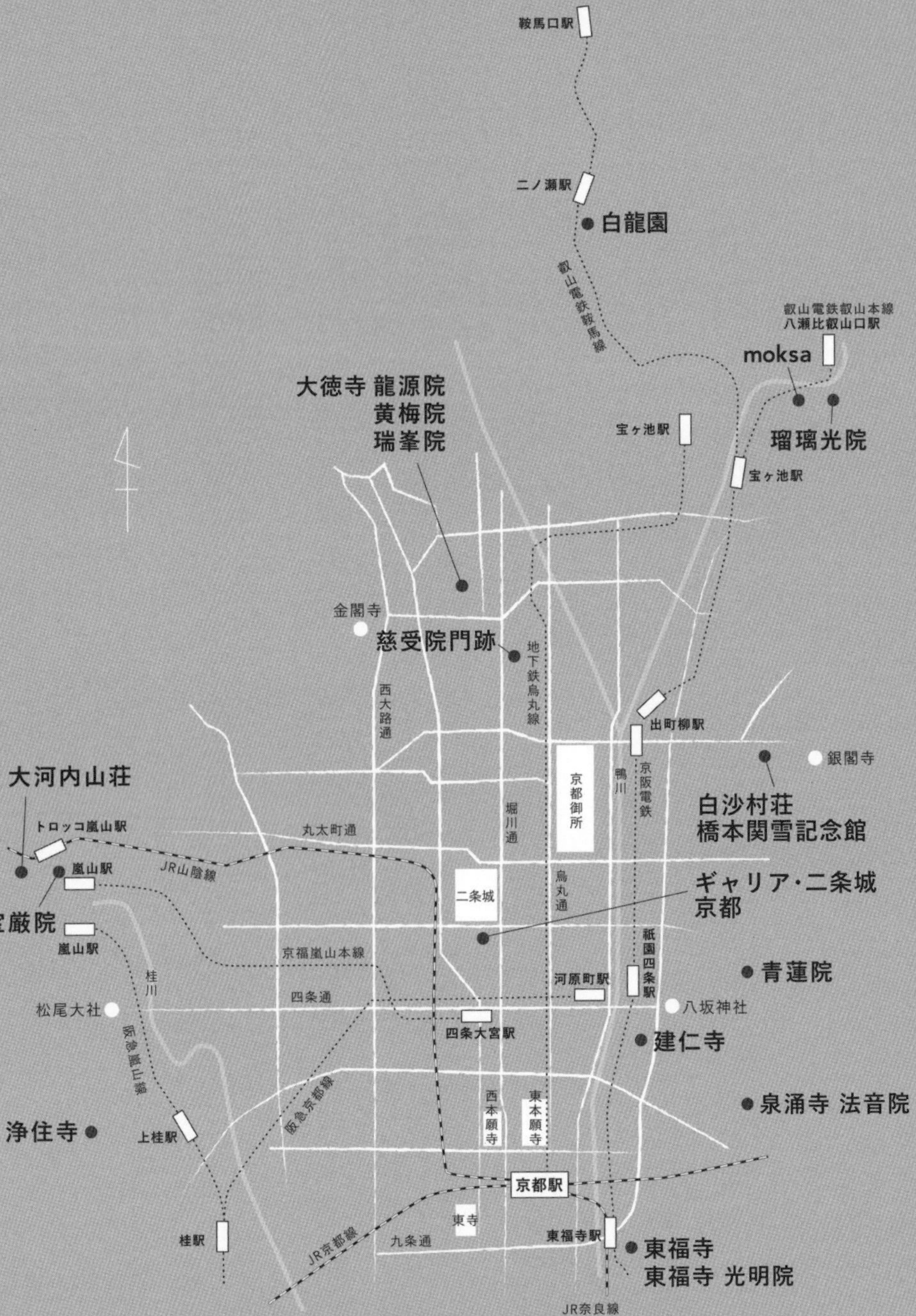
鞍馬口駅
二ノ瀬駅
白龍園
叡山電鉄鞍馬線
叡山電鉄叡山本線
八瀬比叡山口駅
moksa
瑠璃光院
宝ヶ池駅
宝ヶ池駅
大徳寺 龍源院
黄梅院
瑞峯院
金閣寺
慈受院門跡
地下鉄烏丸線
西大路通
出町柳駅
銀閣寺
京都御所
鴨川
京阪電鉄
白沙村荘
橋本関雪記念館
大河内山荘
トロッコ嵐山駅
嵐山駅
JR山陰線
丸太町通
堀川通
宝厳院
嵐山駅
二条城
烏丸通
ギャリア・二条城
京都
京福嵐山本線
紙園四条駅
青蓮院
桂川
河原町駅
松尾大社
四条通
八坂神社
四条大宮駅
建仁寺
阪急嵐山線
阪急京都線
西本願寺
東本願寺
泉涌寺 法音院
浄住寺
上桂駅
京都駅
東寺
桂駅
JR京都線
九条通
東福寺駅
東福寺
東福寺 光明院
JR奈良線

京都《きょうと》、美《うつく》しい苔庭《こけにわ》さんぽ
心にしみる苔景《こけけい》を、見《み》る・知《し》る・学《まな》ぶ

2024年5月21日　第一刷発行

著者
烏賀陽《うがや》 百合《ゆり》

発行者
清田則子

発行所
株式会社 講談社　KODANSHA
〒112-8001　東京都文京区音羽2丁目12-21
（販売）03-5395-3606　（業務）03-5395-3615

編集
株式会社講談社エディトリアル
代表 堺公江
〒112-0013　東京都文京区音羽1丁目17-18
護国寺SIAビル
（編集部）03-5319-2171

デザイン・イラスト
猿田真維 (bank to LLC.)

印刷
大日本印刷株式会社

製本
加藤製本株式会社

NDC593　141p　21cm　Printed in Japan
ISBN978-4-06-535355-4

烏賀陽 百合

庭園デザイナー、庭園コーディネーター。同志社大学文学部日本文化史卒業。国内外の園芸学校で学び、『一度は行ってみたい　京都　絶景庭園』（光文社知恵の森文庫）、『しかけに感動する京都名庭園』（誠文堂新光社）、『美しい苔の庭』（エクスナレッジ）ほかの著書や、庭園講座、庭園ツアーなどを通じて、お庭の美しさを伝えている。

構成・編集・p114～231コラム執筆
沢田眉香子

写真
野口さとこ

（参考文献：アニー・マーティン
『美しい苔庭づくり』（エクスナレッジ）